林 轩◎著

一看就懂的股市涨停密码全图解

北京理工大学出版社
BEIJING INSTITUTE OF TECHNOLOGY PRESS

图书在版编目（CIP）数据

一看就懂的股市涨停密码全图解 / 林轩著. —北京：北京理工大学出版社，2015.6（2019.6 重印）

ISBN 978 – 7 – 5682 – 0517 – 7

Ⅰ. ①一…　Ⅱ. ①林…　Ⅲ. ①股票投资 – 基本知识　Ⅳ. ①F830.91

中国版本图书馆CIP数据核字（2015）第 080096 号

出版发行 / 北京理工大学出版社有限责任公司
社　　址 / 北京市海淀区中关村南大街 5 号
邮　　编 / 100081
电　　话 /（010）68914775（总编室）
82562903（教材售后服务热线）
68948351（其他图书服务热线）
网　　址 / http：//www. bitpress. com. cn
经　　销 / 全国各地新华书店
印　　刷 / 北京市雅迪彩色印刷有限公司
开　　本 / 880 毫米 × 1230 毫米　1/32
印　　张 / 6.5
字　　数 / 140 千字
版　　次 / 2015 年 6 月第 1 版　2019 年 6 月第 4 次印刷
定　　价 / 31. 80 元

责任编辑 / 刘永兵
文案编辑 / 刘永兵
责任校对 / 孟祥敬
责任印制 / 李志强

目录

第三章 解码庄家：庄家是股市涨跌的背后推手

第四章 解码K线：东方“蜡烛图”的神秘智慧

第五章 解码指标：股市的秘密，就藏在这些指标里

使用说明书

《一看就懂的股市涨停密码全图解》是为广大股市投资者量身定做的一本操作指导手册。全书共分为7章，每章分为若干节，每节之内又分为若干关键点。为了能够让读者尽快掌握股市涨跌的密码，本书的文字内容通俗易懂，在编排上也尽可能一目了然。

小节标题

对应本章节内容，剖析股市涨跌在该方面背后的密码。

揭秘涨跌

提炼出整节内容的关键点，点明了该段所要阐述的重点内容。

要点分析

将重点内容进行整合、归纳，便于读者记忆、理解、快速把握知识要领。

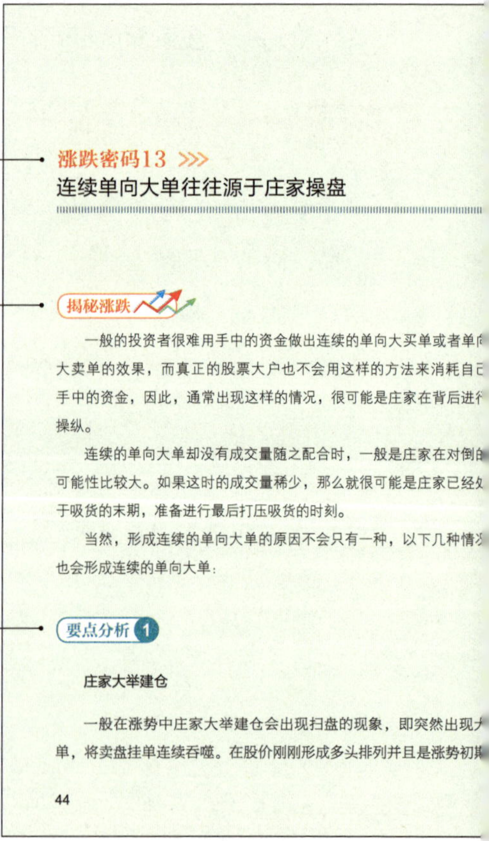
涨跌密码13 >>>
连续单向大单往往源于庄家操盘

揭秘涨跌

一般的投资者很难用手中的资金做出连续的单向大买单或者单向大卖单的效果，而真正的股票大户也不会用这样的方法来消耗自己手中的资金，因此，通常出现这样的情况，很可能是庄家在背后进行操纵。

连续的单向大单却没有成交量随之配合时，一般是庄家在对倒的可能性比较大。如果这时的成交量稀少，那么就很可能是庄家已经处于吸货的末期，准备进行最后打压吸货的时刻。

当然，形成连续的单向大单的原因不会只有一种，以下几种情况也会形成连续的单向大单：

要点分析 1

庄家大举建仓

一般在涨势中庄家大举建仓会出现扫盘的现象，即突然出现大单，将卖盘挂单连续吞噬。在股价刚刚形成多头排列并且是涨势初期

44

在阅读页面上，采用简单、清楚的学习界面，加上配图案例来辅助理解复杂的概念。通过这种可视化的阅读模式，增加读者的阅读快感，提升学习的乐趣与实际效果。只要掌握这本书的内容，你就能迅速成为屡战屡胜的炒股高手。

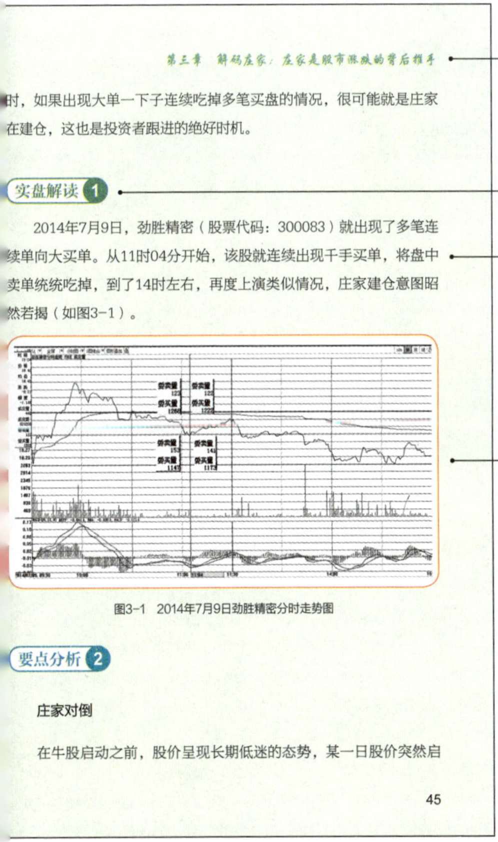

第三章　解码庄家：庄家是股市涨跌的背后推手

时，如果出现大单一下子连续吃掉多笔买盘的情况，很可能就是庄家在建仓，这也是投资者跟进的绝好时机。

实盘解读 1

2014年7月9日，劲胜精密（股票代码：300083）就出现了多笔连续单向大买单。从11时04分开始，该股就连续出现千手买单，将盘中卖单统统吃掉，到了14时左右，再度上演类似情况，庄家建仓意图昭然若揭（如图3-1）。

图3-1　2014年7月9日劲胜精密分时走势图

要点分析 2

庄家对倒

在牛股启动之前，股价呈现长期低迷的态势，某一日股价突然启

45

章名

概述股市涨跌所涉及的各方面内容，每章为一个相对独立的主题。

实盘解读

通过结合实战案例，讲解本节主要内容。

配图案例

通过图文结合的方式，解读前文观点，便于读者深入理解。

第一章

解码大盘：大盘就是大势

快速导读

个股永远不可能脱离大盘存在，而大盘就是大势，大盘的变化与经济、政治大环境息息相关，这是股市最大的密码。对于投资者来说，进行股票投资时，首先要解读的就是宏观大环境。股市虽然只是社会的一个缩影，却能映射出整个政治、经济等各个方面的细微变化。

涨跌密码1 >>>

宏观经济发展趋势是股市的风向标

揭秘涨跌

股市是国民经济的一个重要组成部分，它在宏观经济中发展，同时又为国民经济的发展服务。纵观历史，股市的发展运行轨迹与宏观经济发展运行的轨迹是一致的，即经济的周期决定了股市的周期，股市周期的变化反映了经济周期的变动。

中国的股市还处在发展阶段，各项制度并不十分健全。在这样的投资环境中，国民经济的结构变化和总体走向会影响到整个股票投资的收益。

实盘解读 1

2013年，中国的煤炭行业几乎跌入谷底，中小煤企普遍陷入亏损甚至破产的境地；大型煤企虽不至于停产，但也是勒紧裤腰带过日子，大幅降薪削减成本，千方百计地增收增效。而煤炭行业之所以会从“春天”走向“寒冬”，正是由于其产能已经超出了宏观经济的预定值，供需关系极不协调，其股市表现也就避免不了“一落千丈”的命运（如图1–1）。

图1-1　2013年下半年上证煤炭指数K线图

实盘解读 2

同样是在2013年，高新技术产业却走出了与煤炭产业截然相反的趋势。面对复杂的国际国内环境，中国经济发展需要做出适时的转变，而中国高新技术产业、战略性新兴产业主动为经济发展方式转变这一主线服务，股市相关板块的发展态势自然也就向好（如图1-2）。

图1-2　2013年下半年深证科研指数K线图

专家点评

上市公司的经营业绩非常容易受到宏观经济的影响，如果宏观经济形势向好，市场发展繁荣，那么上市公司的业绩自然会上升，股价也就会随之上升；反之，如果宏观经济形势惨淡，市场趋于疲软，上市公司的业绩会滑坡走低，股价也必然会跟着下跌。如果投资者能够做好宏观基本面的分析，确定出证券投资的大环境，选择出适当的投资时机，那么就可以说投资者的股票投资活动已经成功了一半。

涨跌密码2 >>>
行业政策是股市发展的催化剂

揭秘涨跌

所谓的行业政策主要是指国家对一些行业发展出台的限制或者鼓励性政策。行业政策是非常容易影响股市的一个重要因素，但行业政策影响的范围通常比较小，主要影响的都是政策所涉及的行业。比如说，如果政府出台农业扶持政策，那么关于农业的股票就肯定会发生变化；如果政府出台高科技产业扶持政策，那么关于高科技产业的股票就会发生变化。

实盘解读 1

2014年，国务院颁布《关于加快培育和发展战略性新兴产业的决定》，将节能环保、新一代信息技术、生物、高端装备制造、新能源、新材料和新能源汽车七个产业列为现阶段的重点发展对象。

永太科技（股票代码：002326）是国内产品链最完善、产能最大的精细化学品生产商，属于高新技术产业范围，在相关政策的大力扶持下，其股价也是一路上涨（如图1-3）。

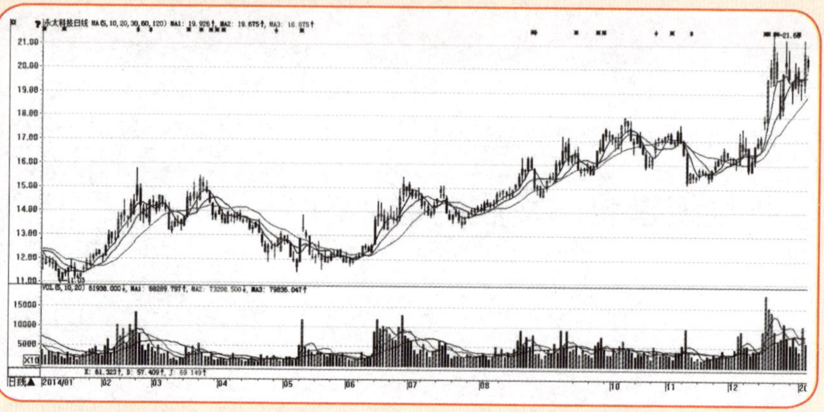

图1-3　2014年全年永太科技K线图

实盘解读 2

对于2014年的钢铁行业来说，就没有那么幸运了。2014年2月18日下午，国务院新闻办举行新闻发布会，工业和信息化部副部长毛伟明在会上介绍，化解过剩产能是一项十分艰巨的任务，在2017年以前，国家对钢铁、水泥、电解铝、平板玻璃、造船五大行业不再新增任何产能。西宁特钢（股票代码：600117）虽然在钢铁行业中属于龙头企业，但依旧不能避免这项政策所带来的负面影响（如图1-4）。

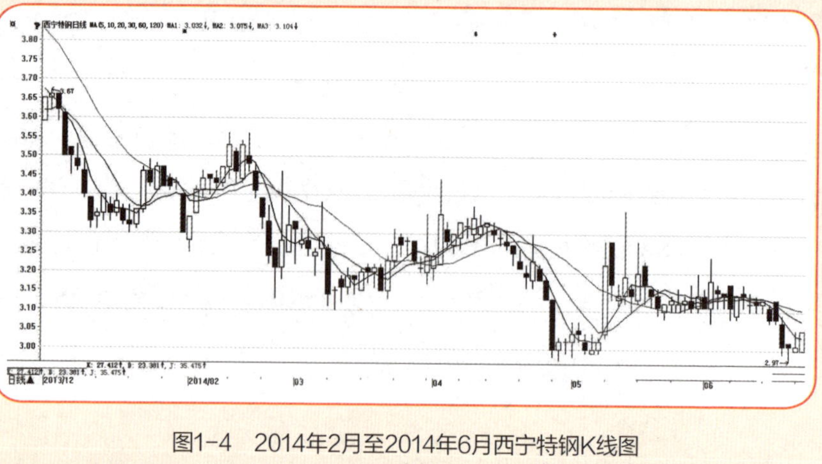

图1-4　2014年2月至2014年6月西宁特钢K线图

专家点评

行业政策的影响虽然不及宏观经济的影响范围大，但是其影响力直接针对的是板块或者个股，针对性更强。如果投资者能够较为准确地把握行业政策的动向，那么就能比较容易地判断出股市的趋势动向和热点板块的更替，从而提高投资的效率和准确率。

涨跌密码3 >>>

资金供求格局影响股市涨跌

揭秘涨跌

影响股票市场涨跌的因素多种多样，但究其根本，资金与股票的供求关系是影响股市涨跌的最直接的因素。股市摆脱不掉资金供求格局对其的影响，当市场中资金的供给远远大于股票的供给时，股票的价格自然会水涨船高。同理，当资金的供给远远小于股票的供给时，股票的价格便不得不审时度势地适当调整了。

如此看来，只要能够掌握资金供应量的变化，就能基本掌握股市的大体变化情况了，我们能通过一些政策的出台来判断未来一段时间内，股市内资金的供应量会发生怎样的变化。

实盘解读 1

2014年7月9日，国务院总理李克强主持召开国务院常务会议，部署加快发展现代保险业务，会上决定免征新能源汽车车辆置购税。会议指出了现代保险业务的重要性，表明将要大力发展现代保险，同时鼓励保险资金支持股市债市发展，更好地帮助人们对冲经营和生活中的风险，让人们在将资金投入股市中的时候更有安全感，同时对于新能源汽车的大力支持，也让人们看出了新能源汽车的良好前景。

这一系列的政策措施，给股市带来了大量的资金供给，不难想象更加安全的投资环境与良好的股市发展前景，会对股民产生何等的吸引力，一时间新能源产业股票几乎全部大涨，而且大批的资金流入，也使上证指数持续上升（如图1-5）。

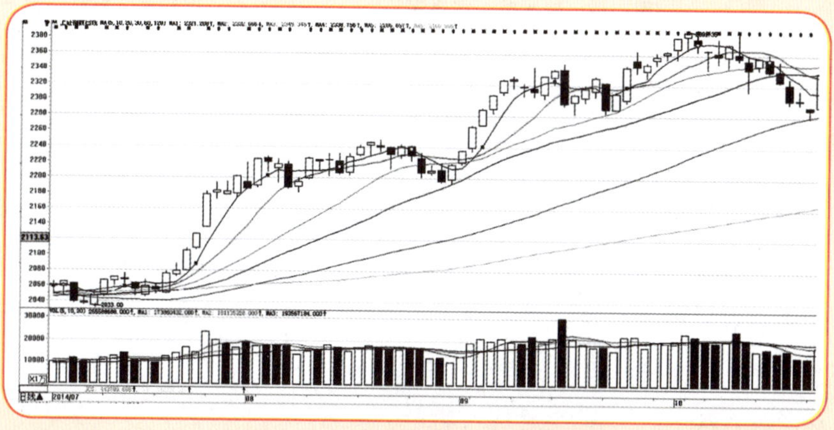

图1-5　2014年7月到10月上证指数K线图

实盘解读 2

2014年4月，中国互联网金融协会获国务院批复，对互联网金融的监管制度大大加强，终结了此前中国互联网金融领域的混乱局面，很多不法资金再也无法通过互联网流入股市，一时间对股市造成了一定的负面影响（如图1-6）。

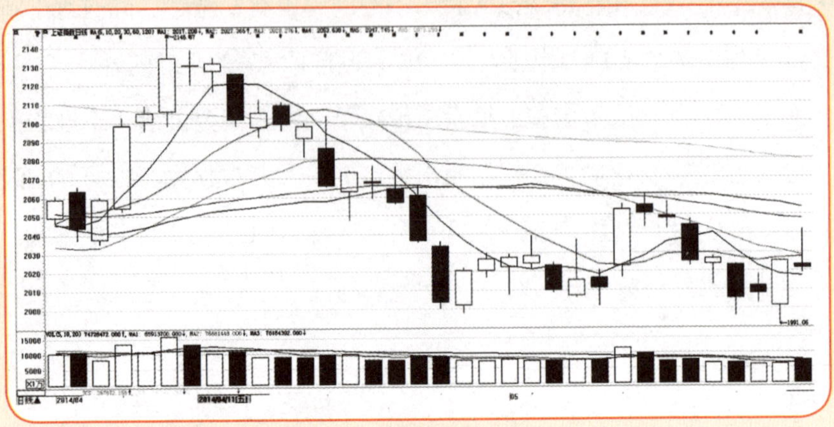

图1-6　2014年4月至2014年5月上证指数K线图

专家点评

从以上两次股市波动中，不难看出，每当有影响资金供求格局的政策出台，都会对股市产生直接的影响，所以大家应该留意此类信息，并合理分析。掌握了资金供求格局的变化，也就能大体掌握股市的变化趋势了。

涨跌密码4 >>>

利率走势与股市运行方向相反

揭秘涨跌

在所有影响股市的宏观因素中，利率是最为敏感的因素。通常利率发生非常细微的变化，也会引起股价的变动。

实盘解读 1

纵观股市历史，利率与股市之间有明显的杠杆效应。这种效应大体上可以概括为：利率上升，股价下跌；利率下调，股价上涨（如图1–7）。

数据上调时间	存款基准利率			贷款基准利率			次日指数涨跌	
	调整前	调整后	调整幅度	调整前	调整后	调整幅度	上证	深证
2014年11月22日	3.00%	2.75%	-0.25%	6.00%	5.60%	-0.40%	1.85%	1.32%
2012年07月06日	3.25%	3.00%	-0.25%	6.31%	6.00%	-0.31%	1.01%	2.95%
2012年06月08日	3.50%	3.25%	-0.25%	6.56%	6.31%	-0.25%	0.51%	0.50%
2011年07月07日	3.25%	3.50%	0.25%	6.31%	6.56%	0.25%	-0.58%	-0.26%
2011年04月06日	3.00%	3.25%	0.25%	6.06%	6.31%	0.25%	0.22%	1.18%
2011年02月09日	2.75%	3.00%	0.25%	5.81%	6.06%	0.25%	-0.89%	-1.53%
2010年12月26日	2.50%	2.75%	0.25%	5.56%	5.81%	0.25%	-1.90%	-2.02%
2010年10月20日	2.25%	2.50%	0.25%	5.31%	5.56%	0.25%	-0.61%	1.09%
2008年12月23日	2.52%	2.25%	-0.27%	5.58%	5.31%	-0.27%	-4.55%	-4.69%
2008年11月27日	3.60%	2.52%	-1.08%	6.66%	5.58%	-1.08%	1.05%	2.29%
2008年10月30日	3.87%	3.60%	-0.27%	6.93%	6.66%	-0.27%	2.55%	1.91%
2008年10月09日	4.14%	3.87%	-0.27%	7.20%	6.93%	-0.27%	-0.84%	-2.40%
2008年09月16日	4.14%	4.14%	0%	7.47%	7.20%	-0.27%	-4.47%	-0.89%

图1–7　2008年至2014年利率调整指数变化示意图

利率是货币政策的表现形式，而货币政策则是用来调节整个社会的货币供应量的。当利率上升的时候，企业的运营成本就会增加，利润就会相对地减少，可供给投资者的股息和红利自然也就会随之变少，这样股市的吸引力就会降低，一旦投资者将股市中的资金撤出，必然会造成股价下跌的局面。反之，利率降低，会激发投资者投资于股市的激情，导致资金从银行回抽到股市，股价自然也就上涨。

不过，股市相对利率的反向走势具有一定的提前或者滞后的特性，两者并不一定会一直保持同步或者同时运行。当利率见底之前，股市有可能已经先行见顶，或者利率见顶之前，股市已经提前完成了探底的过程。

实盘解读 2

2011年4月6日，央行调息后，次日的沪深指数就没有按照“利率上升，股价下跌；利率下调，股价上涨”的杠杆效应变化，而是发生了同步、同向变化（如图1-8）。

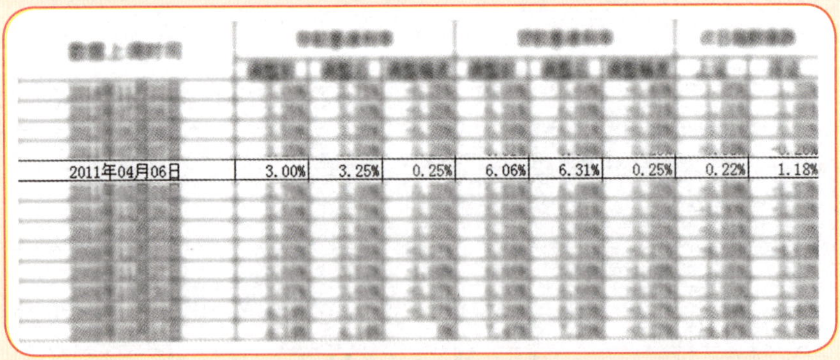

[illegible]	[illegible]			[illegible]			[illegible]	
2011年04月06日	3.00%	3.25%	0.25%	6.06%	6.31%	0.25%	0.22%	1.18%

图1-8　2008年至2014年利率调整指数变化示意图

专家点评

投资者要综合性地研究中国的利率杠杆效应，不要只从单方面内容或者个别案例出发就认为自己推断正确。

利率的变化是股市变化的一个风向标，投资者们应该学会从利率入手，分析出股市涨跌的行情变化，并具体制订详细的买卖行为计划。

涨跌密码5 >>>
政治因素的波动会引起股市的震荡

揭秘涨跌

政治因素主要包括本国政局的稳定性、政权的转移、政府的作为、领导人更换、国际社会对本国的态度以及战争等。通常来说，政治因素涉及面非常广，有一些会带来股市的微小变化，而有一些则会带来大规模的变动，甚至有一些政治因素能够改变股市结构。

中国的社会以及政局都比较稳定，因此，很少有单纯的政治因素会引起股市的巨大变化或者波动。但是投资者们不能因为这点就忽视政治因素对股市的影响，因为政治因素也包括国外的政治因素。在如今的经济全球化时代，国外的政治因素也有可能会对国内股市产生或大或小的影响。

实盘解读 1

2011年3月19日，美军空袭利比亚。在随后近一个月时间内，沪指涨幅达到5.19%，但随后股指却大幅走低，至10月20日美军宣布抓获利比亚最高领导人卡扎菲，A股跌幅高达22.3%（如图1-9）。

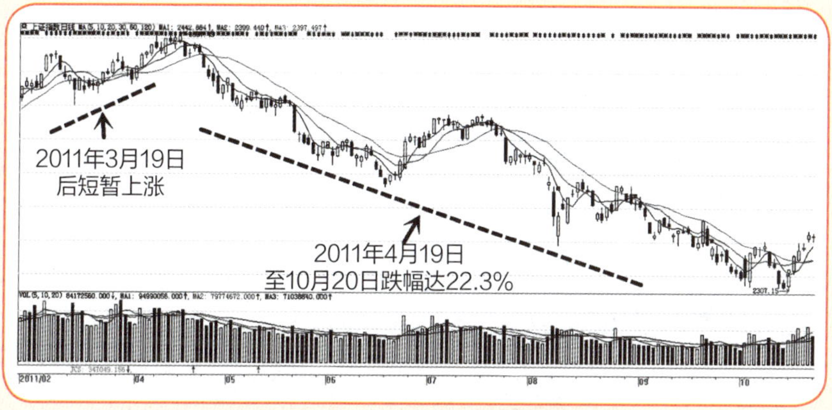

图1-9　2011年3月至11月上证指数K线图

实盘解读 2

2013年6月，美国爆出窃听丑闻。这一事件使美国总统奥巴马的民众支持率下降到参选后的新低，并对美国股市产生了重大影响。此后，网络安全问题成为热点话题，这也促使国内网络概念股出现爆发性增长。

启明星辰（股票代码：002439）是一家拥有自主知识产权的网络安全高科技企业，受到这次事件的影响，其股价大幅攀升（如图1-10）。

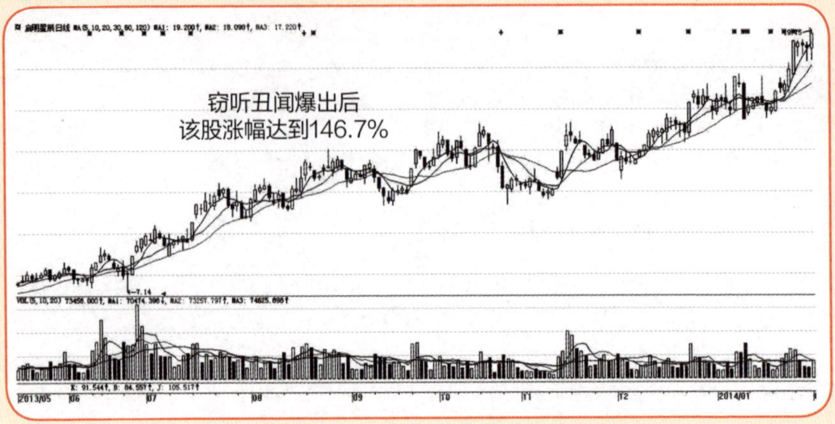

图1-10　2013年6月至2013年12月启明星辰K线图

专家点评

各国的经济都不是孤立的，都处于相互依赖、合作和竞争的全球经济系统内，在这样的“地球村”环境下，要想“独善其身”非常困难。因此，投资者不仅要关心国内的政治经济环境，还要关心国际政治的变化情况。

涨跌密码6 >>>
证监会的重大政策信息是股市变化的导火索

揭秘涨跌

中国证监会依照法律、法规和国务院授权，统一监督管理全国证券期货市场，维护证券期货市场秩序，保障其合法运行。由于证监会的基本职能就是按照规定对证券期货监管机构实行直接管理，所以由证监会发布的重大政策信息一般都会引起股市的变化。

实盘解读

2014年12月19日，在证监会例行的新闻发布会上，证监会发言人张晓军通报，中科云网（股票代码：002306）、百圆裤业（股票代码：002640）、九鼎新材（股票代码：002201）等18只股票涉嫌被市场操纵。12月22日，仅仅过了两天的时间，被点名通报的18只个股中的绝大部分都面临着跌停的惨淡局面，即使有个别股票没有跌停，后市也十分惨淡（如图1-11、图1-12）。

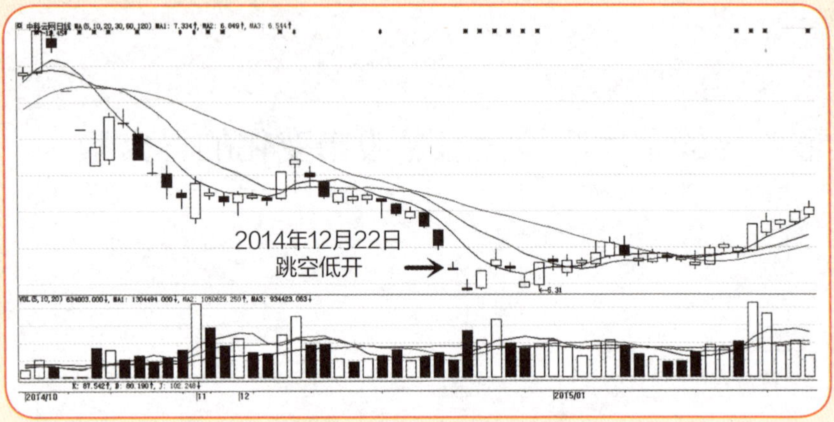

图1-11　2014年10月至2015年1月中科云网K线图

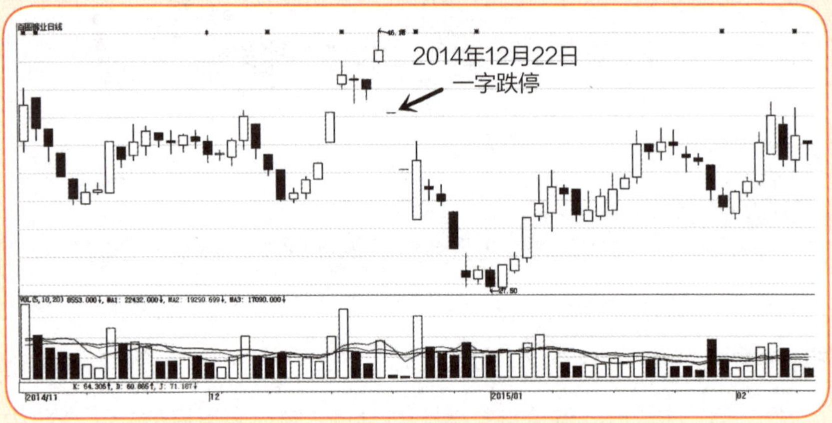

图1-12　2014年11月至2015年1月百圆裤业K线图

专家点评

证监会直接对机构的交易行为进行指导和干预，而这些指导和干预有时能直接对股市产生比较大的影响，甚至促进股市热点的转移，因此，关注证监会的一举一动对投资者来说格外重要。虽然随着证券市场的日益成熟，中国股市的“政策特色化”逐渐在弱化，但是投资者仍然不能漠视政策的导向，更不能无视证监会的举止动向。

涨跌密码7 >>>

突发事件会造成股市的强烈震荡

揭秘涨跌

生活中有时会出现一些突发事件，有的会让人措手不及，而有的则会让人喜出望外。股市也如此，随时都有可能出现一些突发事件。有些突发事件影响巨大，牵扯面极广，对股市直接构成利好或者利空影响，甚至还会引起股市的暴涨暴跌。

证券市场一般都存在着一定的投机因素，因此，对于突发的重大事件，股市往往会做出即时反应。

实盘解读 1

2013年11月22日凌晨3时许，中国石化（股票代码：600028）黄潍输油管线一条输油管道发生破裂事故，造成原油泄漏。上午10时许，在抢修过程中，管道破裂处起火。这次事故造成了3死40余伤的悲惨后果，这样的突发性利空事件也导致了中国石化股价一落千丈的态势（如图1-13）。

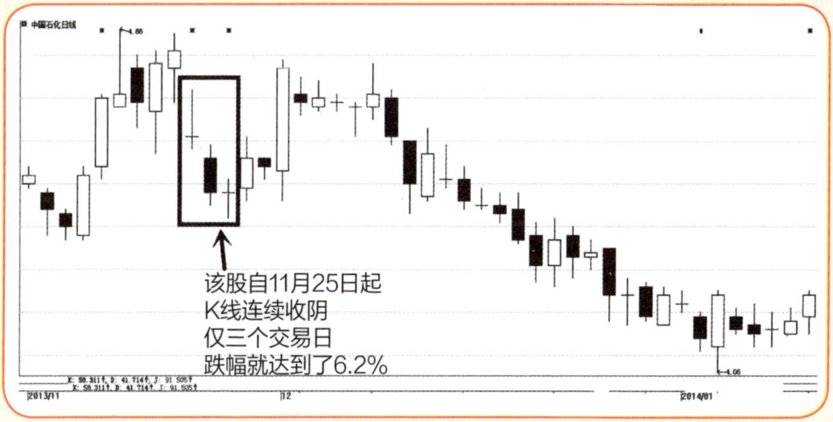

图1-13　2013年11月至2014年1月中国石化K线图

实盘解读 2

2013年7月17日晚，马来西亚航空公司MH17号班机在乌克兰与俄罗斯边境地区被BUK（山毛榉）导弹击落，机上载有295人，乌克兰官方称机上无人生还。这一事件震惊全球，也引发了A股投资者的思考——中国周边的军事安全环境变数是否在增多。这样的思考间接地炒热了军工板块，其指数自然大幅上涨（如图1-14）。

突发消息引发的概念对投资者来说也同样重要。突发消息有很多具体情况，有上市公司的突发利好消息，也有类似禽流感疫情等刺激性突发消息。对于这类概念一般只能做中短线的操作，因为这类消息的不稳定性比较大。有时在概念或者消息的刺激下，个股虽然会暴涨，但是持续时间却极短，这样就需要投资者有较高的操作精度才能赚到钱。

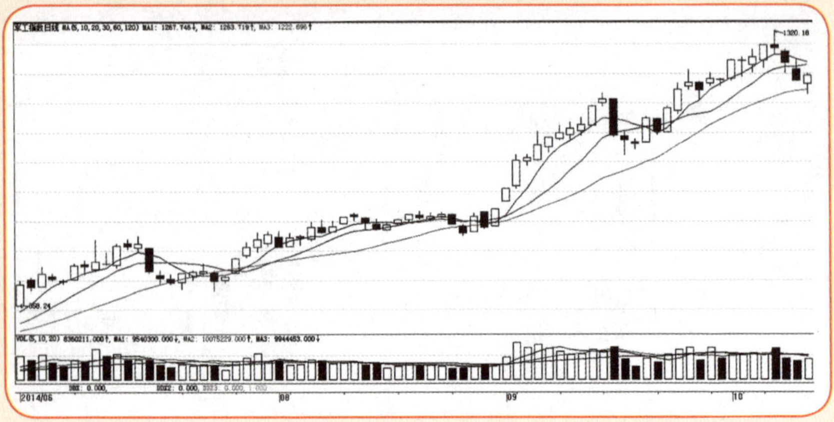

图1-14　2014年6月至10月军工指数K线图

实盘解读 3

2013年9月，民营银行概念被市场资金热炒，凡是沾上民营银行概念的个股纷纷大涨。但是这种上涨并没有持续下去，绝大部分个股都处于“昙花一现”的境地。比如中关村（股票代码：000931）就在民营银行概念炒作热过后，又回归到“风平浪静”的态势。

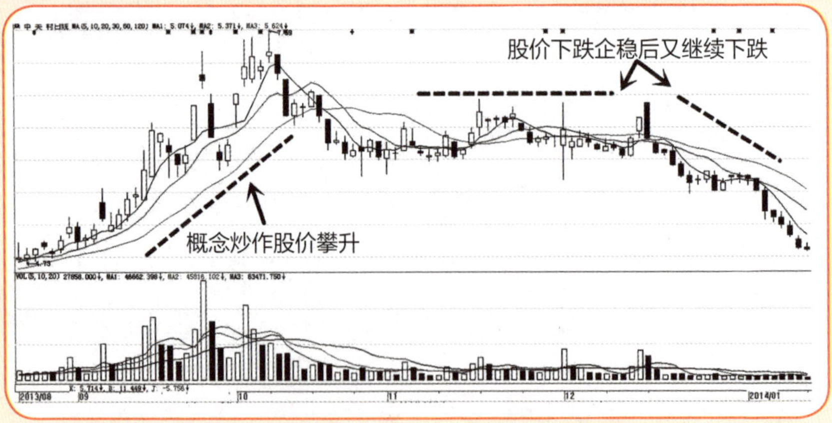

图1-15　2013年9月至12月中关村K线图

专家点评

一般情况下，在股市呈现低迷态势时，出现利好事件，股指都能很快出现上涨行情；但是如果是利空事件，那么由于行情低迷，产生的影响也不会非常大，因为股指已经处于一个相对较低的位置，后市还会休整反弹。而在股市呈现火爆态势时，利空事件则是会像冰水一样，使股市迅速降温，甚至有时还会出现直线连续下跌的现象。因此，投资者想要判断突发事件会带来怎样的影响，还必须结合当时的大势进行综合性的判断，不能忽视市场内在规律的主导作用。

第二章

解码消息：无风难起浪，空穴怎来风

快速导读

很多炒股者喜欢打听小道消息甚至是内幕消息，以便能够掌握更多别人不知道的股市密码，确保自己跑在其他投资者的前面，但是小道消息和内幕消息往往是披着“解密”外衣的骗人手段，这些手段让很多投资者损失惨重。因此，投资者应该学会通过现象看本质，在分析这些消息的含金量的同时也要想到它对后市的影响，及时调整投资策略。

涨跌密码8 >>>

权威新闻媒体发布的消息才具有参考价值

揭秘涨跌

新闻媒体是当前股市投资者获取信息的基础途径。对于炒股的朋友来说，关注新闻媒体发布的消息是要从中了解有关股市的信息，更加确切地说，是了解有益于自己获利的信息。当今社会新闻媒体构成过于复杂，其提供的信息的真实程度有待验证。因此，投资者应了解，只有权威媒体发布的信息才具有参考价值。

实盘解读 1

2014年2月5日，中央电视台“新闻联播”报道：东风汽车（600006）公司被中央巡视组点名批评对“四风”问题整改不力，顶风违纪问题突出，存在公款吃喝、公车私用、公款购买赠送购物卡等违反中央八项规定精神等问题；用公款出国（境）旅游问题突出，出国审批管理不严，任务重复、超天数、超人数现象普遍。此报道直接导致了东风汽车的股价在两个交易日内下跌4%（如图2-1）。

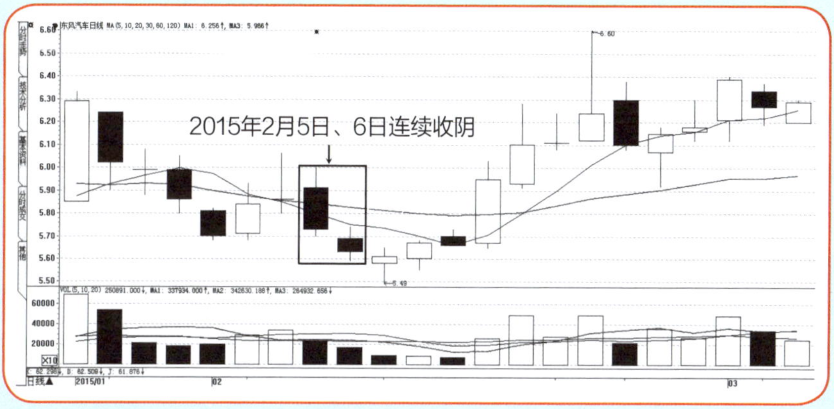

图2-1　2014年1月至2月东风汽车K线图

实盘解读 2

大杨创世（股票代码：600233）是一家主要从事中高档男西服、女时装、运动装等服装的生产和销售的企业，年生产能力达600万套，是国内最大的服装生产龙头企业之一。

2013年3月22日“新闻联播”报道：习近平离京对俄罗斯、坦桑尼亚、南非、刚果共和国进行国事访问并出席“金砖”国家领导人第五次会晤，夫人彭丽媛陪同出访。虽然国家领导人访问他国是常见的事，但其出国访问所穿服装据称均由大杨创世制作，这对于大杨创世这只股票来说，可以算得上是重大的利好消息（如图2-2）。

图2-2　2014年8月至9月大杨创世K线图

专家点评

由于“新闻联播”节目具有很高的权威性，所以它也成了很多散户最好的信息来源。无论是中国较早出名的股民杨百万还是众多基金经理都认为：“新闻联播”甚至比上市公司的公告更值得研究，是字字都值得研究的股市阴晴表。

不过，“新闻联播”从来都不会直接报道股市的涨跌，因此解读“新闻联播”就显得格外重要，投资者只有做到认真细读才有意义。

涨跌密码9 >>>
正式消息对股市买卖操作最有效

揭秘涨跌

按照股市投资的正常理论来讲，来源于正规渠道的消息应该是投资者最注重的消息，但很多人却宁愿费九牛二虎之力去打探所谓的内幕消息，其实这种心理很普遍也很正常，因为正式消息必然通过常规渠道传播，每一个人都能在第一时间知道，而股市的炒作往往要用逆向思维，当大多数人想要进入的时候，正是该退出的时候。

其实，对正式消息，投资者更应该认真对待，比如宏观政策面、公司基本面等，这些消息都有可能对大势或者个股产生影响。之所以有时候重大决策没有起到显著作用，可能是机构尚未准备好的缘故，一旦机构准备好了，这种影响就会立刻体现出来。

实盘解读 1

2014年上半年，股市走势平淡，市场缺乏整体的赚钱效应。2014年5月9日，业内称之为新“国九条”的国务院《关于进一步促进资本市场健康发展的若干意见》发布。此项政策的发布对中国资本市场影响深远，但沪深股市却未能就此改变之前的盘整局面。如果投资者急于武断地认为正式消息没有所谓的内幕消息可靠，那就大错特错了。从图2-3中可以看到，上证指数从2014年下半年开始持续走高，到2014年末为止，涨幅达到了60%多。

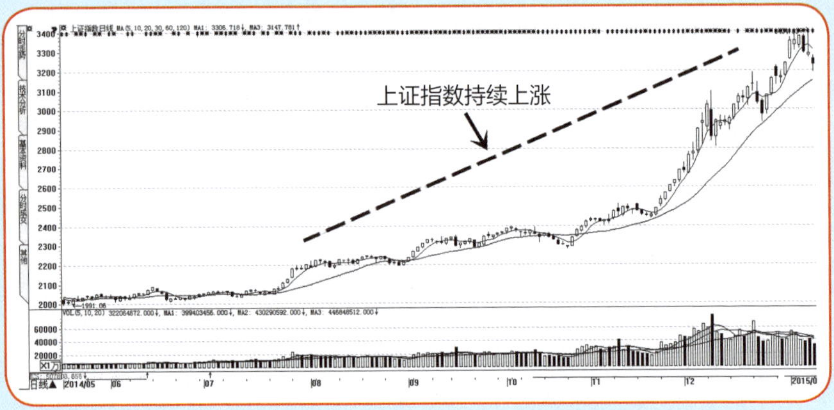

图2-3　2014年6月至2015年2月上证指数K线图

实盘解读 2

2013年7月2日，国家发改委启动药价专项调查，60家药企被发改委“钦定”核查，其中包括默沙东、葛兰素史克、山德士等外资药企及誉衡药业、海正药业、西南药业等A股上市药企。其中，双鹭药业、五粮液集团宜宾制药厂等33家药企接受出厂价格调查。这个消息的发布直接导致双鹭药业（股票代码：002038）的股价应声而落（如图2-4）。

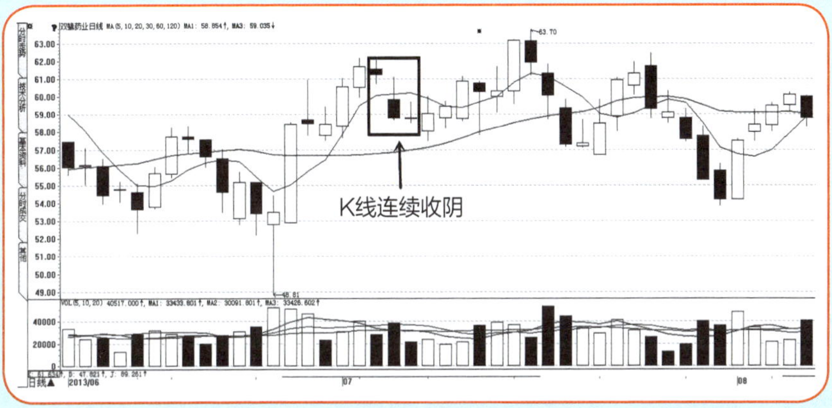

图2-4 2013年6月至8月双鹭药业K线图

专家点评

国家的重大决策有时不会立刻对股市造成影响，但从根本上说，这些决策都属于宏观调控的一种方式，在将来必然要对股市发生作用。因此，投资者不要因为这种滞后性就忽视正规渠道的消息，往往这些消息才是能够看透股市涨跌的真实密码。

涨跌密码10 >>>

网上信息要仔细辨别真伪

揭秘涨跌

网络炒股具有交易方便快捷、紧跟行情、辅助分析系统强大等特点。但是，很多投资者由于缺乏防护意识、警惕性和鉴别能力，在通过网络炒股的过程中可能会面临较大的风险。因此，投资者在使用网络炒股时，一定要仔细辨别真伪，以免误入歧途。

要点分析 1

热度较高的网络话题中往往隐藏着股市行情

实盘解读 1

2015年2月28日，一部叫作《穹顶之下》的纪录片在网络上播出。截至3月1日9点，各大视频网站统计的《穹顶之下》播放数据是：腾讯播放7426万次、乐视播放1063万次、优酷播放1006万次、搜狐播放203万次。就是这样一个看似与股市无关，提倡环保的纪录片，却直接推动环保板块上涨4.5%，一些个股，例如菲达环保（股票代码：600526）甚至拉出了连续的一字涨停（如图2-5）。

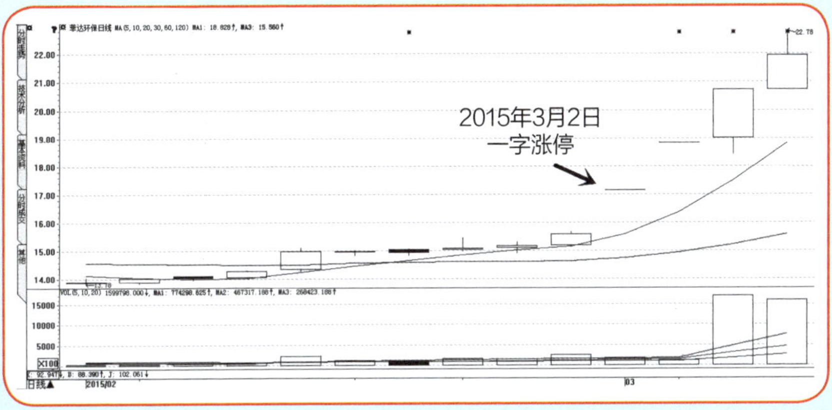

图2-5　2015年2月至2015年3月菲达环保K线图

而在该纪录片中被重点“提名”的中国石油（股票代码：601857）则被“痛打”得不轻（如图2-6）。

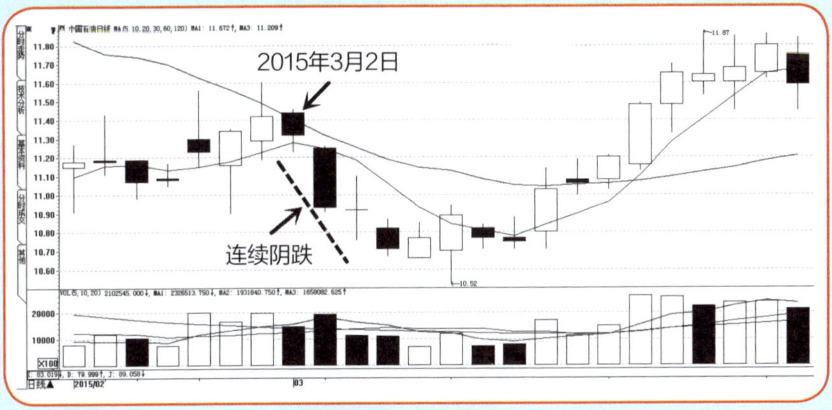

图2-6　2015年2月至2015年3月中国石油K线图

要点分析 2

理财网站不可尽信

权威人士开设的理财网站，特别是被许多投资者宣传为“准确率高”的网站，不能尽信。这类网站一般都会有名人效应，具有一定的影响力，也会有一些跟风的“粉丝”，在股市行情向好、积极并且多数股票都在上涨的情况下，预测准确率高是理所应当的事情。一旦这些前提条件消失，那么它的准确性就很难掌控，因此它提供的信息的可信度也就无法考证了。

要点分析 3

论坛纯属个人观点

网民提供的信息大多数没有多少参考价值，甚至一些信息还会误导投资者。

实盘解读 2

2014年12月11日，某论坛上一位网友凭借12月11日国中水务（股票代码：600187）的走势，预测该股未来几天会有一波大行情。如果投资者轻信了这种言论，那么恐怕就要体会到失望的滋味了。从图2-7中可以看出，网友预测的大行情并没有出现。

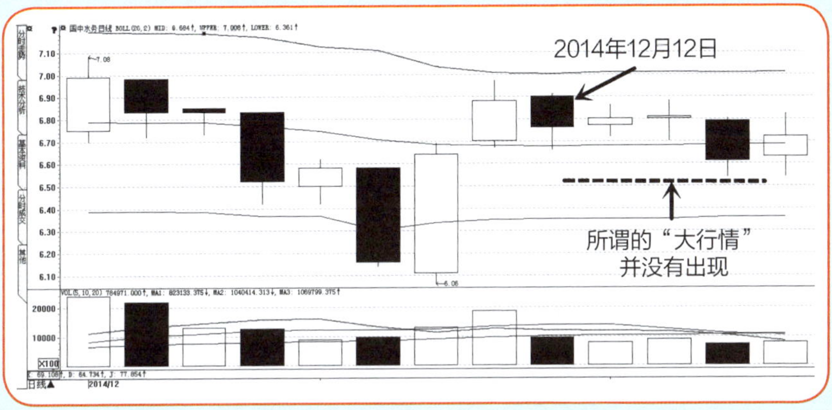

图2-7　2014年12月国中水务K线图

专家点评

从网络中搜集股市相关信息固然方便、快捷，但是其中也有一定的风险。聪明的投资者总是通过权威的新闻媒体获取大量的信息后，再参考网络上的信息，进行综合的比较分析，确定真伪。

涨跌密码11 >>>

不必太看重年底机构预测

揭秘涨跌

通常证券机构在年底都会推出一些预测报告、投资策略报告等，供投资者参考。那么对这样的信息，投资者应该如何看待呢？

一些重量级的机构的研究成果无疑代表了目前中国资本市场高端的研究水平，这些成果中也有许多股市研究人员的智慧结晶，但是投资者如果以这些作为预测股市未来走势的依据，那么就大错特错了。

要点分析 1

历史上出现过很多机构对上证指数最高点位的预测失算

实盘解读 1

2012年可以算得上“意外”的一年，从券商们预测的点位来看，高点普遍落在3000点附近，而低点在2200点附近，普遍看高。其中，有11家券商预测值超过3000点，有15家券商预测值超过2900点；而预测均值达到3003.52点；最高点位预测甚至为3800点。而实际2012年最高点位仅为2478.38点（如图2-8）。

图2-8　2012年全年上证指数K线图

要点分析 2

指数与市场背离

实盘解读 2

2014年3月27日，虽然传来国务院六项举措促进资本市场发展的利好消息，但是大盘还是收出缩量阴线，并且在接下来的两个交易日也收出阴线，形成了3连阴跌，市场观望氛围浓厚，出现了很明显的指数与市场背离的现象。当然，在这种外力压迫的情况下，机构预测的准确率下降情有可原，但是投资者如果过于依赖机构预测，那么所带来的损失却是真真正正的经济损失（如图2-9）。

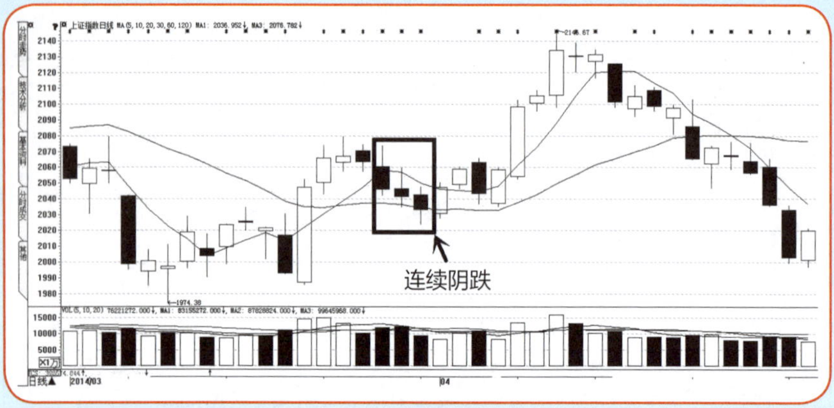

图2-9　2014年3月至5月上证指数K线图

专家点评

虽然一些机构的预测有这样或者那样的偏差，但是不可否认的是，机构预测存在一定的技术优势和人力优势，特别是对初入门的投资者来说，这些预测能帮助他们更好地认识股市，起到一定的参考作用。

总而言之，预测虽然具有前瞻性，但是未来也具有不可预测性，对于预测的结果总是很难提前准确地判断其对与错，因此投资者在进行股市投资时，不必过于依赖机构预测，一定要针对具体的时间和情况，做出综合性的分析后再参考机构的预测。

涨跌密码12 >>>

判断利好还是利空要看大众预期

揭秘涨跌

当投资者得到一个消息后，首先要做的就是判断其是真是假，其次就是要判断是利好还是利空。那么投资者应该怎样判断是利好还是利空呢？

通常一个消息是利好还是利空与大众的预期息息相关，即与投资人主观倾向有关。不管是对个股还是对大盘来说，某个消息的利好和利空都是并存的，这些利好或者利空因素并有没一个明确的界限。有些因素潜在的性质可能发生，但未必一定会发生，就算真的发生也未必有足够的影响力去促成股价的上涨或者下跌。

实盘解读 1

“重组”一直被视为二级市场上的一把双刃剑，在多数公司因重组成功股价一飞冲天的同时，亦不能避免部分公司重组失败股价一落千丈。

2014年7月，运盛实业（股票代码：600767）重组失败，一般来说个股重组失败后股价都会下跌，但是该股却不跌反涨（如图2-10）。沪上一位私募人士对此现象的解释是：公司之前要收购的资产根本没盈利，那么重组失败对投资者而言反而是件好事。既然大股东已经明确要重组，之前的方案又行不通，未来肯定要重新寻找更好的标的。

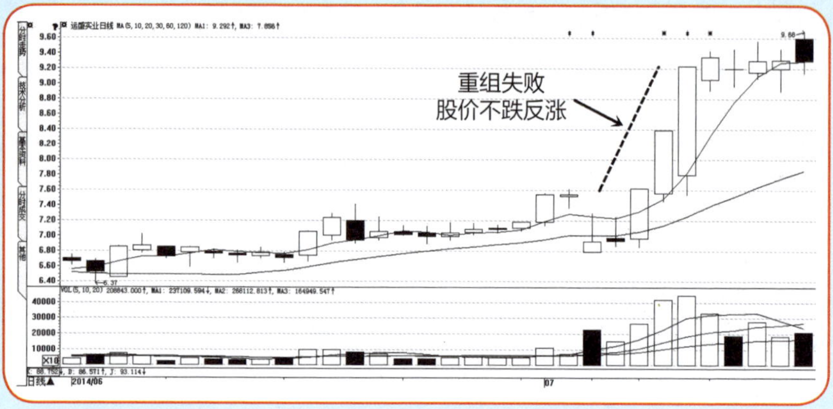

图2-10　2014年7月至2014年8月运盛实业K线图

实盘解读 2

同样是重组失败，华润三九（股票代码：000999）却没有那么好的运气，其股价在噩耗传出之后便大幅下跌（如图2-11）。

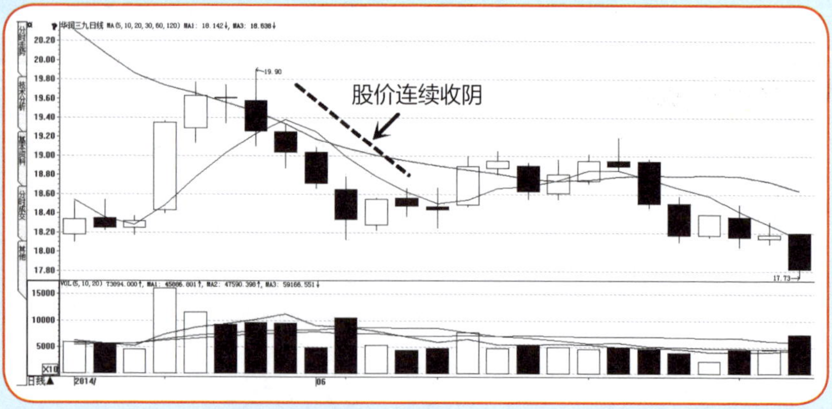

图2-11　2014年5月至6月华润三九K线图

由此可见，利空或者利好要看投资人的主观倾向，投资人彼此的看法不同，所采用的方式也就互异，甚至有时这种互异性会导致出人意料的结果。

另外，一个消息传出，要看它与股民的预期有多少落差。

实盘解读 3

2013年11月12日，中共十八届三中全会公布了一系列未来改革框架纲领，这对股市来说可以算得上是一个利好消息，但是其利好程度却没有达到股民预期标准。一个利好消息就在不足以满足股民预期标准的前提下，变成了一条“伪利好”消息（如图2-12）。

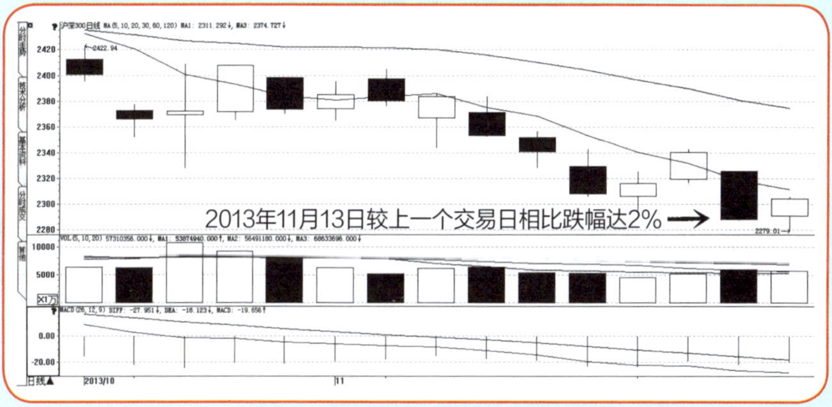

图2-12　2013年11月沪深300K线图

专家点评

预期主导着人们的心理活动，而心理活动和主观意识又会左右股价的变化，因此，投资者在分析消息是利好还是利空时，一定要考虑到群众的心理倾向。

第三章

解码庄家：庄家是股市涨跌的背后推手

快速导读

庄家是中国股市永恒的主题，具有明显的中国特色。换句话说，想从中国股市中找到涨跌密码，就必须与庄家打交道，通过对庄家的动态跟踪和综合性研判来采取相应的应对策略，力图能成为了解庄家、看懂庄家的炒股高手，真正做到跟庄赚钱。

涨跌密码13 >>>

连续单向大单往往源于庄家操盘

揭秘涨跌

一般的投资者很难用手中的资金做出连续的单向大买单或者单向大卖单的效果，而真正的股票大户也不会用这样的方法来消耗自己手中的资金，因此，通常出现这样的情况，很可能是庄家在背后进行操纵。

连续的单向大单却没有成交量随之配合时，一般是庄家在对倒的可能性比较大。如果这时的成交量稀少，那么就很可能是庄家已经处于吸货的末期，准备进行最后打压吸货的时刻。

当然，形成连续的单向大单的原因不会只有一种，以下几种情况也会形成连续的单向大单：

要点分析 1

庄家大举建仓

一般在涨势中庄家大举建仓会出现扫盘的现象，即突然出现大单，将卖盘挂单连续吞噬。在股价刚刚形成多头排列并且是涨势初期时，如果出现大单一下子连续吃掉多笔买盘的情况，很可能就是庄家在建仓，这也是投资者跟进的绝好时机。

实盘解读 1

2014年7月9日，劲胜精密（股票代码：300083）就出现了多笔连续单向大买单。从11时04分开始，该股就连续出现千手买单，将盘中卖单统统吃掉，到了14时左右，再度上演类似情况，庄家建仓意图昭然若揭（如图3-1）。

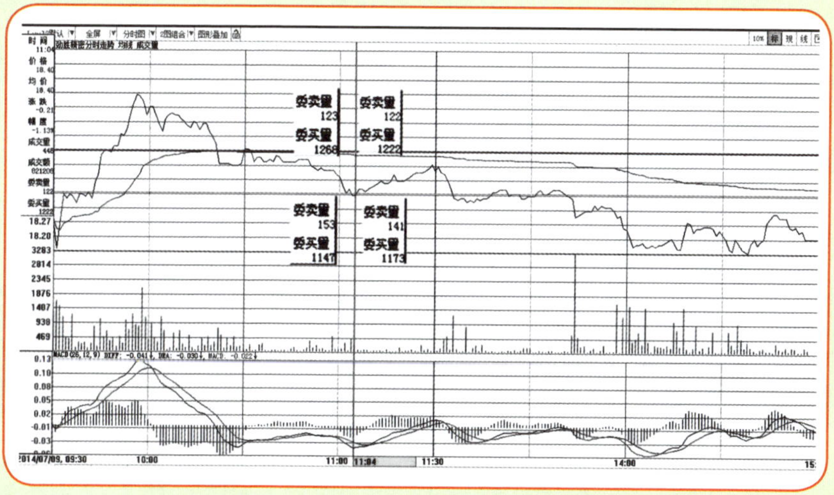

图3-1　2014年7月9日劲胜精密分时走势图

要点分析 2

庄家对倒

在牛股启动之前，股价呈现长期低迷的态势，某一日股价突然启动，卖盘上出现巨大的抛单，而买单却比较少，如果这时有资金将挂在卖一、卖二、卖三档的压单全部吃掉，那么就很可能是庄家在对倒。投资者需要注意的是，这时的压单不一定是有人在抛空，也可能是庄家在“自弹自唱”。

要点分析 3

庄家试盘

在庄家试盘的时候也会出现连续单向的大买卖单。如果一只个股在正常的运行途中，股价突然被巨大的抛单砸到跌停板附近，然后又被快速拉起，或者股价被巨大的买单拉升，然后迅速回降；那么就很可能是庄家正在试盘，如果该股一段时间内总收下影线，那么股价上涨的可能性比较大，反之则建议走为上策。

实盘解读 2

2013年11月11日，康芝药业（股票代码：300086）的分时走势图上就出现了股价被大量卖单砸至几乎跌停后又被迅速拉起的现象。当日9时41分，该股显示被一笔630多手的大卖单打压，仅仅在三分钟后，股价即将跌停时，又被一笔上千手的大买单迅速拉升，结合当日后市该股的平稳走势来分析，庄家试盘的意图比较明显（如图3-2）。

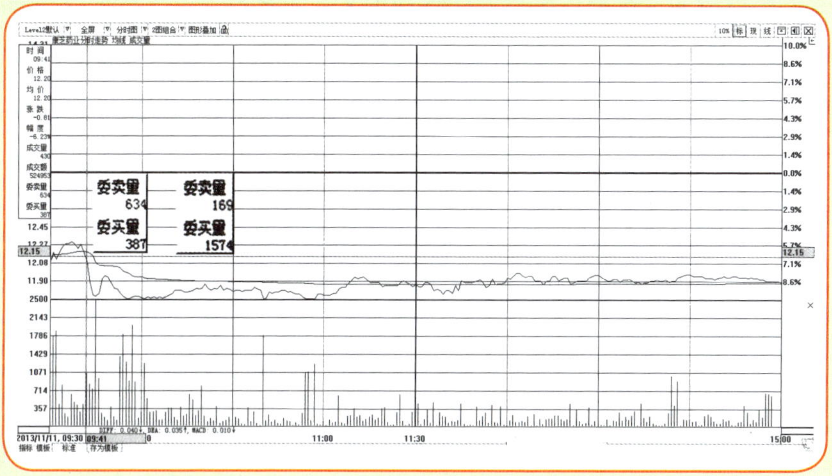

图3-2　2013年11月11日康芝药业K线图

要点分析 4

庄家仓位变化

当挂单较大并且有成交量配合是庄家积极活动的特征。如果涨跌都比较温和，没有出现大幅或者巨幅震荡，那么很可能是庄家正在逐步增加或者减少仓位。

要点分析 5

庄家护盘

庄家一般都会在突发性下跌的时候进行护盘。一只个股经过连续下跌，在该股买一、买二、买三档经常出现大手笔买单，这绝对是庄家的护盘行为。虽然这种行为比较好定义，但是不一定庄家护盘其后市就会止跌。庄家护盘通常证明了其实力有限，否则可以直接推升股价，因此，该股一般还有下跌的空间。不过投资者可以对这类个股多一些关注，因为一旦市场转强，这类个股往往都是不鸣则已，一鸣惊人。

专家点评

投资者在实际操作中如果遇到连续单向大买卖单，一定要审时度势，进行综合数据分析，万万不可主观臆断，在庄家出货时介入个股，最终给自己带来不必要的损失。

一般情况下，主力试盘和出货时都会形成连续单向大单，投资者在遇到连续单向大单时一定要注意审时度势。

涨跌密码14 >>>
如何在庄家建仓时低价杀入

揭秘涨跌

建仓是坐庄的基础，如果庄家能够顺利完成建仓吸筹，那就等于已经成功了一半。在不同的情况下，庄家建仓吸筹的方法也不同，如果投资者能够准确地判断庄家建仓吸筹的方法，就能间接地推断出庄家的意图，及时做出准确的应对策略，这样就能非常容易地抓住赚钱的机会。那么庄家建仓吸筹的方法有哪几种呢?

要点分析 1

悄无声息地建仓吸筹

通常这种方法都被应用在走势与大盘的趋势一致，并且成交量很小的冷门股中。庄家在这类个股中建仓吸筹时，如果动作过大就很容易被散户发现，对其建仓造成一定的困扰，因此，一般庄家都会选择用小量多次购买的方式来进行建仓。这种方法虽然有时持续的时间会比较长，但是底部吸取的筹码越多，未来的获利空间就越大。

实盘解读 1

介入天龙集团（股票代码：300063）的庄家就显示了其超出常人的耐力。从2014年2月开始，该庄家就以近乎“隐形”的方式逐步进行着自己的坐庄大业。直到6月，它才以盛食厉兵的姿态高调出现在股民面前，在它的强力拉升下，该股股价在仅仅两个月的时间内涨幅就达到了176%（如图3-3）。

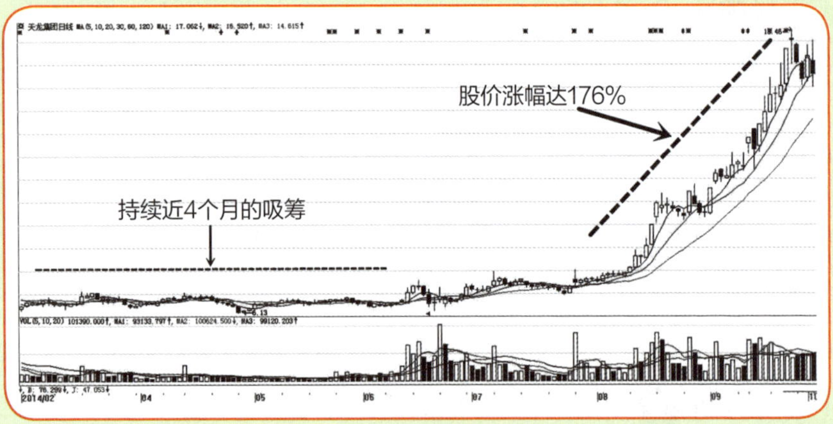

图3-3　2014年2月至9月天龙集团K线图

要点分析 2

打压式吸筹建仓

通常这种吸筹方式都会被应用在大盘或者板块人气极度悲观或者个股有利空来袭的时候。在恐慌气氛蔓延，下档无人承接的时候，庄家在下档先埋下大单子，然后以下档向下卖出。这样持股人在不断下跌的心理压力下，就会倾向于卖出自保，庄家利用持股人的这种心理吃掉被骗出的便宜货。实际上，庄家最后还是把大多数筹码卖给了自己。

通常庄家打压的方式主要有以下几种：

（1）利用大盘调整之际，趁机不断压低股价进行吸筹

实盘解读 2

晨光生物（股票代码：300138）在2014年5月至6月，大盘处于横盘调整的前提下，接连收出长短阴线，这种现象很容易加重持股人抛出的心理。而一旦持股人承受不了这种压力抛出手中持股，那么庄家就可以从容地接收这些“打劫”到的便宜货了（如图3-4）。

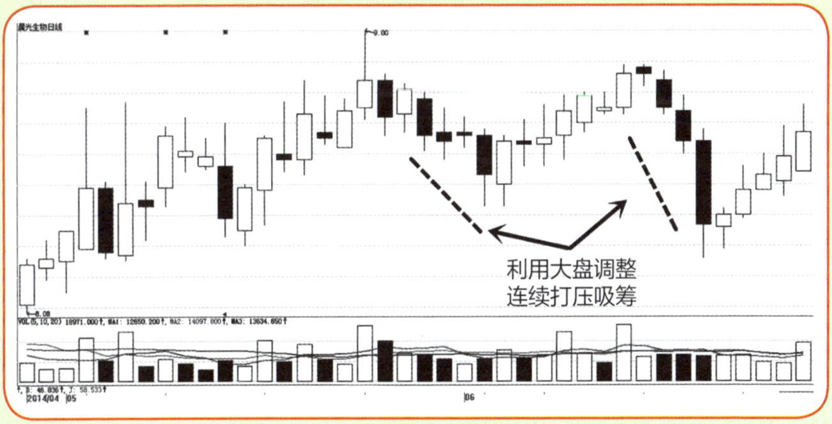

图3-4　2014年5月至6月晨光生物K线图

（2）构筑各种顶部形态，诱导投资者抛出手中筹码

实盘解读 3

2013年5月至6月，介入华伍股份（股票代码：300095）的庄家就利用构筑圆弧顶的方式，使股民误以为股价走高的态势已经到了尽头，从而抛出了手中的持股（如图3-5）

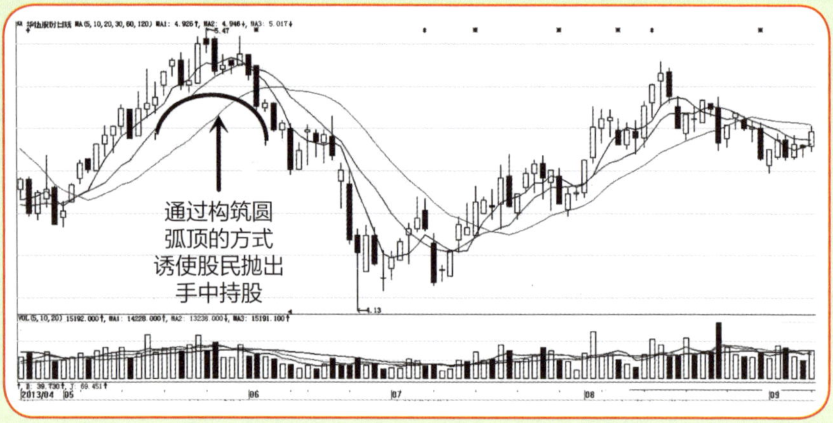

图3-5　2013年5月至2014年9月华伍股份K线图

（3）利用市场或者个股的利空消息打低股价吸筹。

实盘解读 4

2013年春季，国内多地再度出现人感染H7N9禽流感。这一事件的出现在使医药股获游资狂欢追捧的同时，也给了以“鸡”为生的相关养殖股当头一棒。

介入福成五丰（股票代码：600965）的庄家正是充分把握住了这一时机，借助利空消息所带来的影响，趁机强势打压股价并借机吸取

筹码，为未来谋取利润做好了铺垫（如图3-6）。

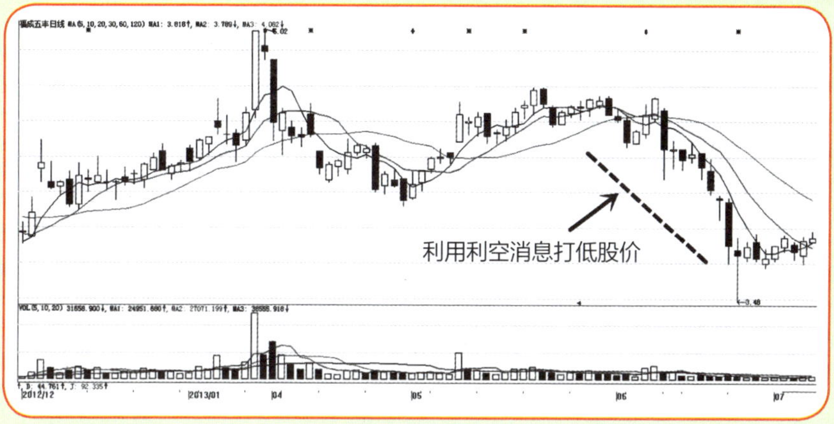

图3-6　2013年1月至7月福成五丰K线图

要点分析 3

拉高式建仓吸筹

这种建仓的方法的优点在于能够缩短建仓吸筹的时间，更好地把握拉升的时机。而且这种方法还能更加容易地误导投资者，使其误以为这是庄家在派发，从而抛出手中持股。

拉高式建仓吸筹的具体形式又可分为：

（1）台阶式建仓吸筹

实盘解读 1

2014年7月到10月，雷鸣科化（股票代码：600985）形成了一种楼梯般的走势，股价先上升后横盘，如此重复。这就是庄家的台阶式建仓手法，在股价抬升的过程中完成吸筹建仓。投资者面对这样上扬的个股时，宜耐心一路持股，等待最好的出货信号（如图3-7）。

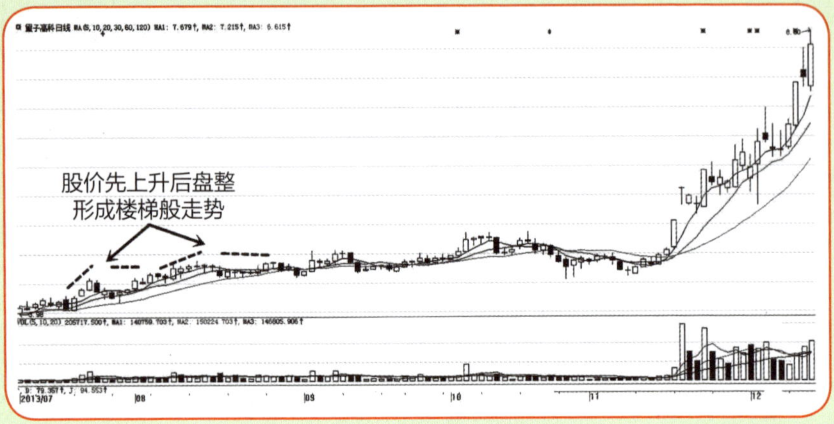

图3-7　2014年7月至10月雷鸣科化K线图

（2）短庄快速建仓吸筹

这种方法比较难以控制和判断，由于这类庄家介入得不深，往往会把几个炒作步骤融合在一起，用最快的速度完成套现。散户在跟这类短庄时，可以采取追跌杀涨的策略，暴跌可以选择买进，暴涨可以选择卖出。

专家点评

投资者在面对庄家的"严刑拷打"时，首先要摆正自己的心态，只有保持一个良好的心态才能保证用一颗冷静的头脑去思考问题。只要自己的仓位是在低位区建立的，那么就没有必要害怕庄家的打压。

涨跌密码15 >>>
如何分辨庄家的洗盘手法

揭秘涨跌

庄家洗盘就是通过种种手段，击垮投资者的持股信心，迫使部分投资者交出手中的筹码，以便能够降低自己进行股价拉升的成本和压力，将不稳定和不看好的量洗出来，把看好的量吸引进来。

知道了庄家洗盘的目的，又该如何判断庄家是否在进行洗盘呢？股价的运行离不开成交量的配合，即使是庄家也不可避免这个问题，因此，投资者可以通过成交量的变化来判断出庄家是否正在洗盘。

通常来说，庄家洗盘成交量会出现以下的变化特征：

由于有庄家的积极介入，原本沉闷的个股会在成交量增加的推动下活跃起来，出现价涨量增的态势。然后，庄家会将尽量将短线获利盘洗出，造成阴阳相间的横盘震荡现象。

洗盘时股价快速走低，但下跌的时候成交量无法持续放大，在重要的支撑位会缩量稳盘，表明下方获得支撑；由于盘面浮筹越来越少，股价回升不一定需要成交量的配合，但是在关前止跌后，不会再放量下挫。

实盘解读 1

天晟新材（股票代码：300169）的庄家自2014年3月26日开始向下缩量洗盘，由于前期准备充分，这一次洗盘过程并没有持续多久。随后庄家就以连续收阳的方式进入抬升股价的阶段，仅仅一个月的时间，股价涨幅就达到了25%（如图3-8）。

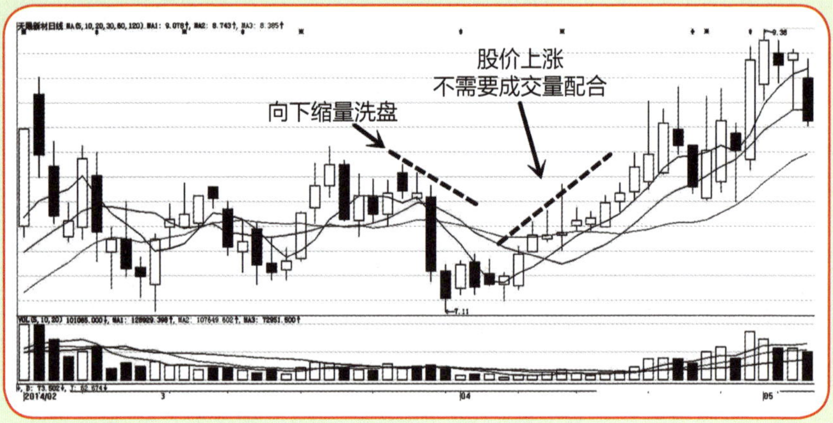

图3-8　2014年2月至5月天晟新材K线图

投资者除了要知道庄家洗盘的目的、庄家是否在进行洗盘外，还应该了解一些庄家洗盘的手段。一般来说，庄家的洗盘方式有以下几种：

要点分析 1

打压式洗盘

这种洗盘方式多用于流通盘较小的绩差类个股，因为这类个股的持股人一般都会存在比较重的投机心理，所以稳定性相对较差，庄家通过控盘快速打压的方法，可以迅速诱导投资者出现悲观的情绪，从而抛出手中的筹码，达到洗盘的目的。

实盘解读 2

四方达（股票代码：300179）的股价经过一段小幅上涨后，庄家利用手中的筹码在2014年11月29日开始打压股价，迫使持股人抛出手中的筹码，以便自己能够收集更多的“便宜货”。从图3-8中可以明显地看到股价在一段下跌过程后，就开始了一波大行情（如图3-9）。

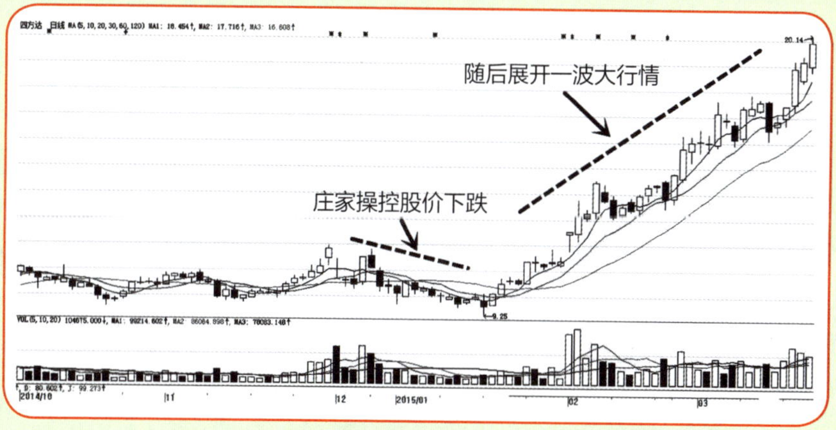

图3-9　2014年10月至2015年3月四方达K线图

要点分析 2

横盘整理式洗盘

庄家在拉升的过程中突然停止做多，操控股价进入横盘整理的态势，使缺乏耐心者出局，这就是横盘整理式洗盘的核心所在。通常庄家使用这种方式洗盘是因为这种股票的背后隐藏着重大利好，庄家惜售，所以需要用时间来消磨低位获利盘。

实盘解读 3

介入海伦哲（股票代码：300201）的庄家稳扎稳打，不但在其坐庄期间使用了横盘整理式洗盘的方式，还进行了一次深度洗盘（如图3-10）。在这样的双重压力迫使下，能坚持到最后与庄共舞，吃到完整的70%涨幅的投资者少之又少，这也从侧面印证了股市中广为流传的一句话："股市永远都是80%的人赔钱，20%的人赚钱。"

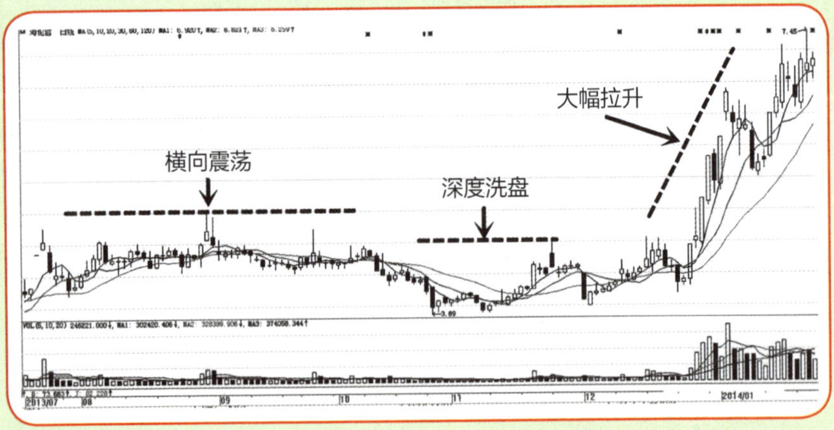

图3-10　2013年8月至2014年1月海伦哲K线图

要点分析 3

边拉边洗式

边拉边洗是庄家通常采用的一种洗盘方式，这种方式的核心在于将洗盘融入拉高股价的过程中。这种洗盘方式往往都会产生轰动效应，其手法是主力每日放量拉升股价，然后再用大手笔封住或者主动吐出部分获利，使获利盘涌出，造成股价的回落，在K线图上留下较长的上影线。这样既可以使市场人气维持不散，吸引短线跟风盘，还可以使市场的持仓成本逐渐变高，为日后的出货打好基础。

实盘解读 4

介入欣旺达（股票代码：300207）的庄家就使用了边拉边洗式的洗盘手法（如图3-11）。

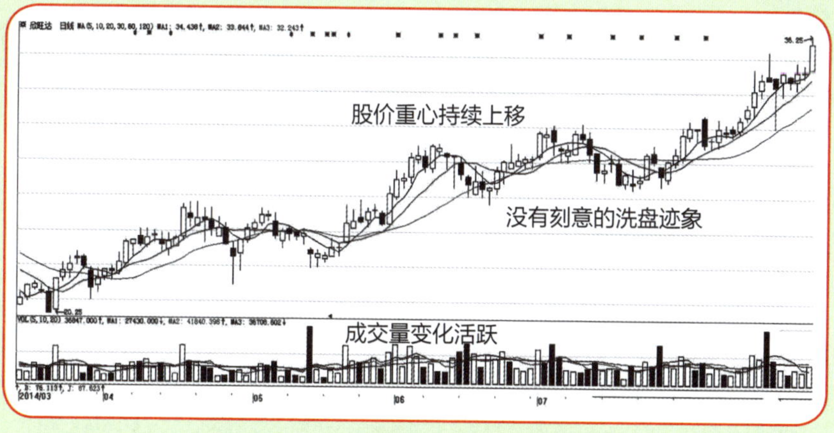

图3-11　2014年3月至7月欣旺达K线图

要点分析 4

上下震荡式洗盘

这种洗盘手法也较为常见，即股价的波动维持在一个区间内，并且让投资者摸不清庄家炒作的节奏。这种方式集合了打压式洗盘和横盘整理式洗盘的优点，一方面消磨了持股人的耐心，另一方面也在考验持股人的胆量。

实盘解读 5

正海磁材（股票代码：300224）在2014年3月至5月，就出现了股价在一定区域内上下波动，波动幅度比横盘整理式洗盘大却又比打压式洗盘小的现象。从图3-12中的成交量可以看出，在这种双重打压下，很多人选择了逃离战场，由此也可以看出上下震荡式洗盘的魅力所在。

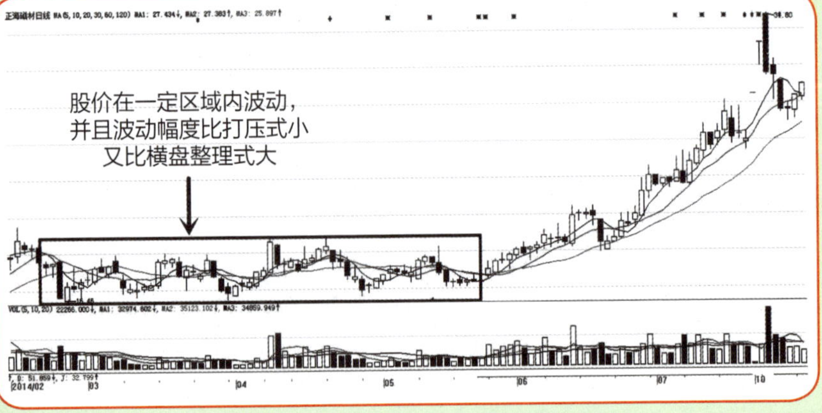

图3-12　2014年3月至7月正海磁材K线图

专家点评

总的来说，庄家的洗盘阶段就是折磨投资者的阶段，也是投资者最难以忍受和把持不住的阶段。许多人的失败都源于没有经受住庄家的洗盘，被洗出了局。如果投资者能够理解并且看穿了庄家的洗盘小把戏时，那么洗盘对于投资者来说不过是庄家的自作聪明罢了。

涨跌密码16 >>>

如何坐享庄家拉升股价

揭秘涨跌

股市中多数人都是倾向于追上涨的股票，因此，如果大盘稳步升高，市场人气活跃，那么庄家只要用少量的资金就能达到“四两拨千斤”的效果，成功地拉升股价。

通常来说，庄家在拉升时会根据自身实力以及股票和市场的具体状况采用不同的手段，将这些拉升手段综合一下，主要有以下三种：

要点分析 1

台阶式拉升

有些庄家由于自身实力有限，并且操纵的还是大中盘股，所吸得的筹码占筹码总量的比例就不会太大，于是在这种情景中，庄家只能利用利好消息拉升一个台阶后再横盘，以此来架高散户的持股成本。

台阶式拉升的过程中，一般不会出现大幅度的洗盘调整，这是因为一方面庄家持仓量所占比例不是非常大，没有多少筹码可以砸盘；另一方面庄家也担心大幅洗盘会引起持股人的恐慌性抛盘，自己没有足够的资金能顶住这种“灾难”，于是庄家采取了一种比较折中的方式，既给了持股人一定的安全感，又可以充分利用手中的资金。

实盘解读 1

介入乐普医疗（股票代码：300003）的庄家由于自身实力有限，不能直接吸收到足够的筹码达到高度控盘的目的，在这种情况下，该庄家就使用了台阶式拉升，虽然在其拉升的过程中没有巨大幅度的波动，但是经过两个月时间的积累，该股涨幅也达到了41.6%（如图3-13）。

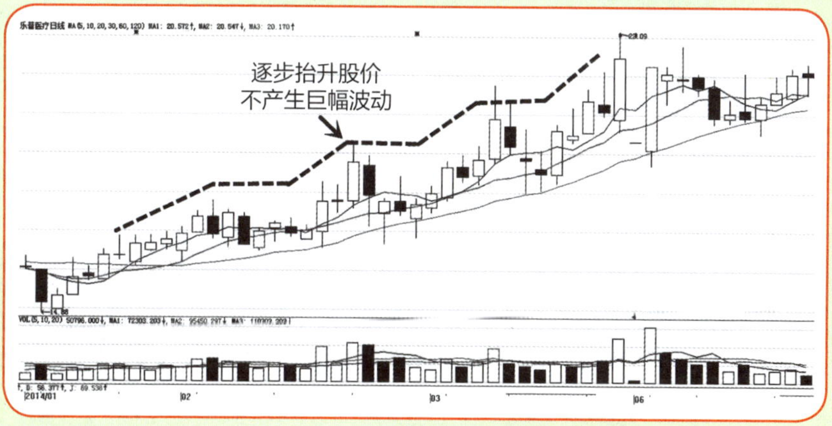

图3-13　2014年1月至4月乐普医疗K线图

要点分析 2

火箭式拉升

这种拉升手法一般都会形成股价大幅暴涨的现象。庄家想要用这种凶猛的手法拉升股价，首先就要确保能够做到完全控盘，并且通常都会有朦胧的或者是特别振奋人心的利好消息配合。采用这种方法能够快速地将股价抬升到离庄家预期目标不远的高位，随后在高位长时间地缩量横盘，在市场逐渐接受这个高价位的时候，采取缓慢出货的方式完成套现。

实盘解读 2

福星晓程（股票代码：300139）在2014年10月至11月股价大幅攀升，随后又进入高位横盘的态势中，并且成交量呈现萎缩状态。如果投资者以为这是股价横盘调整再度冲高的前兆的话，那么接下来的行情一定会让其欲哭无泪。从图3-14中可以看到，该股后市进入大幅下跌的趋势中，而庄家则早已在横盘的过程中溜之大吉。

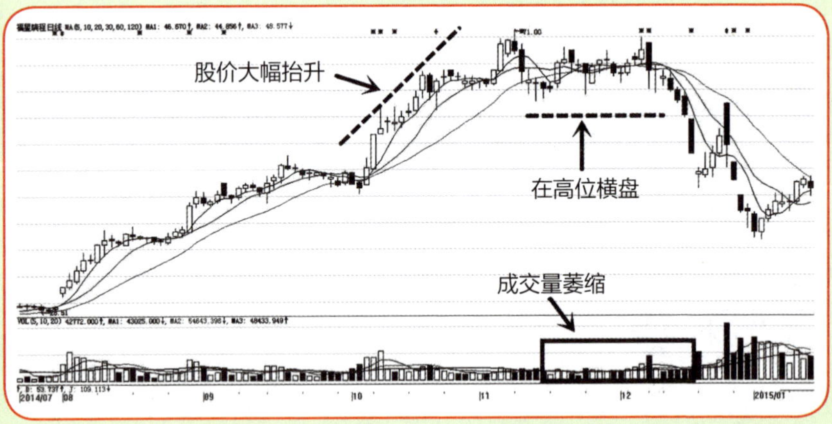

图3-14　2014年8月至12月福星晓程K线图

要点分析 3

震荡式拉升

当庄家介入一只个股后，如果大环境积极，那么它就可以采取台阶式拉升甚至是火箭式拉升来达到抬升股价的目的。但是如果大环境并不理想呢？逆势而走，虽然可以吸引跟风盘，但是其坐庄身份也就容易暴露，阻力很可能会由此变大。因此，在环境不是十分理想时，庄家往往会采取震荡式拉升来抬升股价。

震荡式拉升的形式是指在股价上涨的过程中，庄家利用大盘或个股的利空消息人为地制造股价的波动。从形态上看，这种拉升方法会造成股价的大幅波动，但是重心却一直走高。通过这种高抛低吸的操作，即使整体涨幅不是很大，但每一个波段累积起来的涨幅却还是很可观的。

实盘解读 3

世纪瑞尔（股票代码：300150）在经过了一段小幅上涨后就进入大幅震荡的趋势中。从图3-15中可以看到，在震荡的过程中，股价上下落差都比较大，但其重心却一直在上移。虽然一次震荡的涨幅不是很多，但是投资者不管采用的是分段操作还是全程跟庄的操作方式，最后都能获得可观的收入。

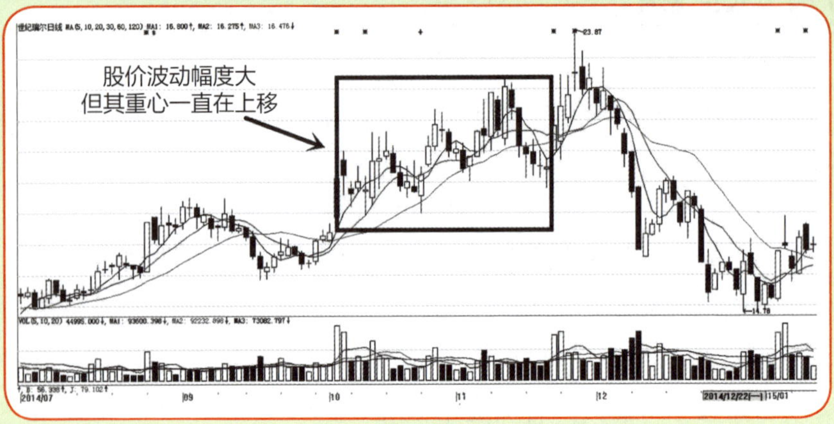

图3-15　2014年7月至12月世纪瑞尔K线图

专家点评

总之，庄家在拉升过程中的原则就是利用资金和个股的题材，采用各种手法来拉升股价，以便能吸引投资者的注意，让市场接受自己操控的股价变化，最终诱导投资者在高位接受它的筹码。

涨跌密码17 >>>

如何在庄家出货前离场

揭秘涨跌

庄家将股价拉高后，如果不能将手中的筹码兑换成现金，无论在盘面显示的赢利是多少，都只是好看的泡沫，随时有可能化为乌有。因此，庄家会通过拉升、打压等手段的综合运用，将手中的筹码顺利派发出去，这就是所谓的出货。

与建仓和洗盘一样，庄家想要顺利出货需要一些大环境和技术手段支持。所谓的环境支持，即满足天时、地利、人和三个条件。天时，就是大盘的走势，只有大盘行情火爆、成交活跃的时候才更容易出货；地利，就是利好消息的配合；人和，就是操盘手的操作水平。

除了环境支持以外，技术手段的支持也非常重要。那么庄家都有哪些出货手段呢?

要点分析 1

利用反弹出货

庄家在完成了一段中级出货动作后，已经获得了巨大的利润。这时庄家往往会利用手中的筹码再做一次反弹行情，获取该股的最后利润，彻底完成出货任务。

反弹出货是庄家常用的手段之一。虽然在这个过程中股价的上下波动幅度比较大，会产生不小的差价，但是对于投资者来说，不但其中的操作难度比较大，而且风险也非常高。

实盘解读 1

2014年10月至12月，元力股份（股票代码：300174）的股价在攀升到顶点后出现了一段反弹行情，并且成交量先呈缩量后又放大。这正说明这次的反弹行情不过是庄家为了出货所设置的陷阱，如果投资者奋不顾身地跳入其中，那么很有可能万劫不复（如图3-16）。

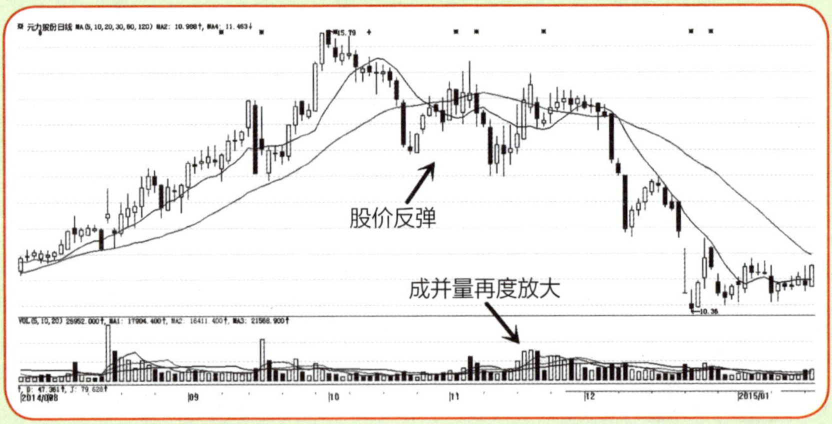

图3-16　2014年8月至2015年1月元力股份K线图

要点分析 2

设置多头陷阱出货

投资者一般都知道，股价一旦突破重要阻力关口，这个关口就会变成支撑位，因此，冲破阻力位就成了部分深信技术分析的散户的操盘准则。而庄家往往会利用散户的这种心理，造成一种假突破，诱使散户进场，从而完成趁机派发出货的目的。

实盘解读 2

自2014年4月1日起，力源信息（股票代码：300184）逐步放量上涨，逼近箱顶，造成了一种即将突破的大好形势。4月8日，该股放量涨停，更使投资者们相信该股突破的有效性，于是纷纷买进，而庄家却利用此时的人气活跃，于4月10日大举出货，连同前两个交易日的成交量，总共换手达35%，庄家出货迹象非常明显（如图3-17）。

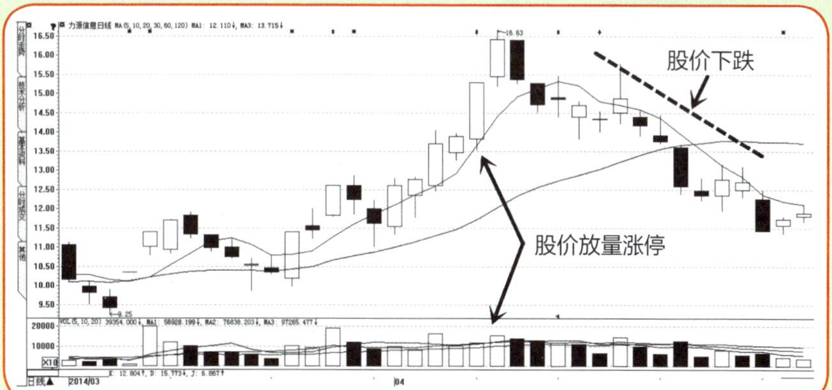

图3-17　2014年3月至4月力源信息K线图

要点分析 3

快速打压出货

庄家已经将股价抬升到一个足够高的位置后，为了能够尽快售出手中的筹码，会利用横向的K线上影线拉高股价，以便能够随时出货，只要盘口有买盘就对准买盘果断地进行打压出脱筹码。

这种出货方式一般适用于绩差类个股，这类个股的参与者大多抱有较重的投机心态，在股价迅速上涨的过程中，很少有人出手。因此，庄家会快人一步，在参与者还做着股价大幅上涨的美梦时，抢先抛售，先套住高位跟风盘，再一路抛售，将抢反弹的人一网打尽。

实盘解读 3

永清环保（股票代码：300187）在经历了一段反弹行情后，于2014年2月12日放出巨量，并且股价攀升至高位。这种趋势给予投机股民足够的介入信心，而庄家则是微笑等待最佳的收网时机。自2014年2月18日起，该股出现缩量下跌的现象，庄家吃饱喝足后顺利离场，而一时贪欲上头的参与者却只能默默咽下这苦果（如图3-18）。

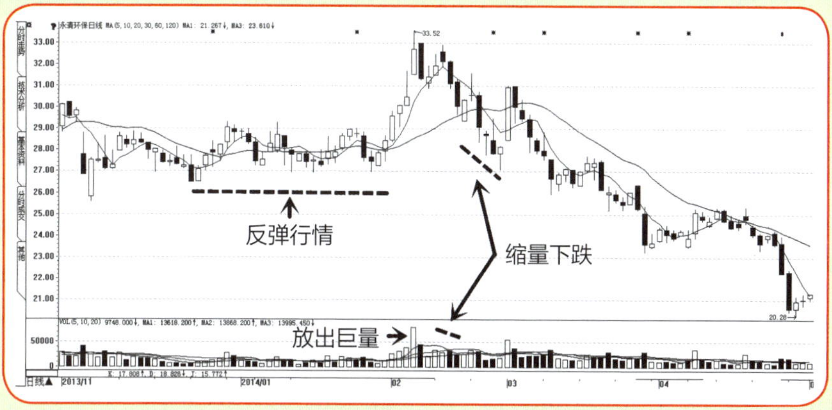

图3-18 2013年12月至2014年5月永清环保K线图

专家点评

总的来说，庄家不管使用什么样的方法、手段出货，其最终的目的就是为了将手中的筹码抛售给投资者，从而兑换成现金完成套利，如果投资者能够掌握庄家出货的方法和手段，那么就能在庄家出逃之前顺利兑现，从容地享受股市带来的丰厚利益。

第四章

解码K线：东方“蜡烛图”的神秘智慧

快速导读

股票走势中的K线图，源于日本德川幕府时代的“蜡烛图”。K线是股市的精髓所在，看不懂K线中蕴含的神秘智慧，就别想真正看懂股市，更别提炒股赚钱。真正的股市高手，无一不对K线有精深且独到的认知

涨跌密码18 >>>

阴阳线中的财富密码

揭秘涨跌

在股市的实战中，K线分析是非常重要的一个环节。从K线图中，投资者不但可以观察到买卖双方的力量对比变化，还能分析预测股价未来的走势，把握住最佳的买卖时机。

K线的最大优点就是简化了股价在变动过程中的各种复杂的因素，直接将它的基本特征展现在投资者面前，让使用者能够更加简单、灵活地运用。

K线从形态上可以分为阳线、阴线和同价线三种类型。

要点分析 1

阳线

阳线是指收盘价高于开盘价的K线，按实体大小可以分为大阳线、中阳线和小阳线三种类型（如图4-1）。

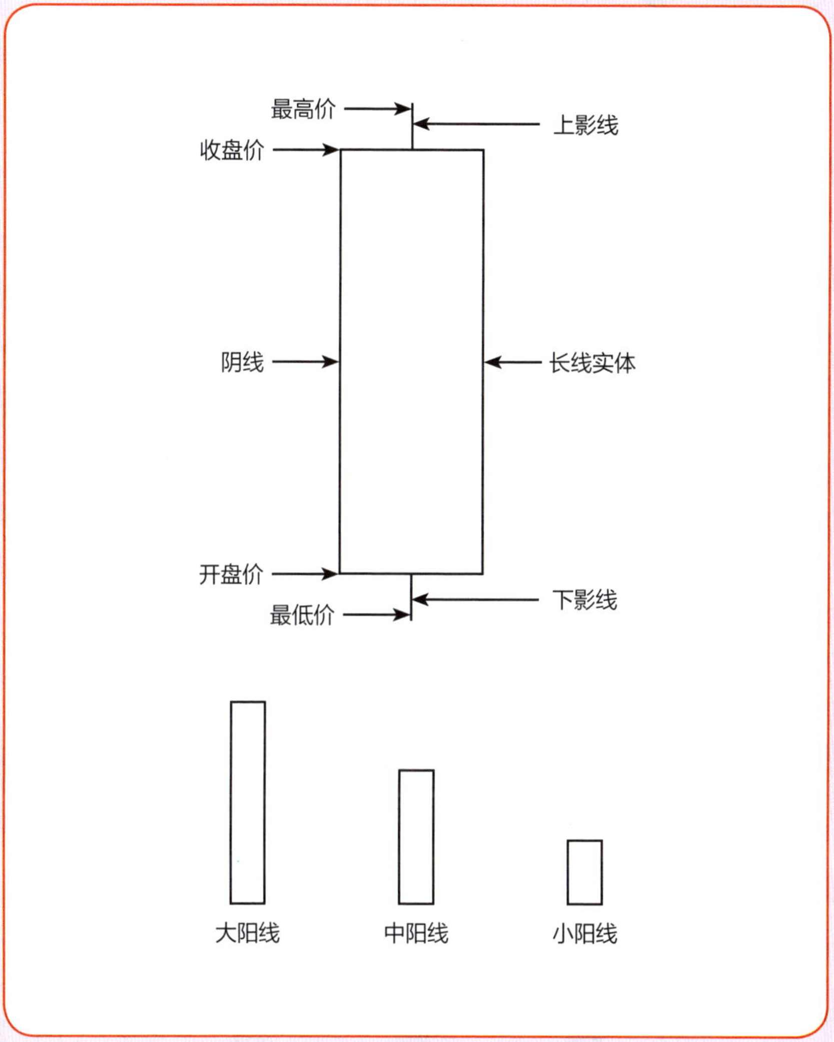

图4-1　阳线示意图

要点分析 2

阴线

阴线是指收盘价低于开盘价的K线，按实体大小可以分为大阴线、中阴线和小阴线三种类型（如图4-2）。

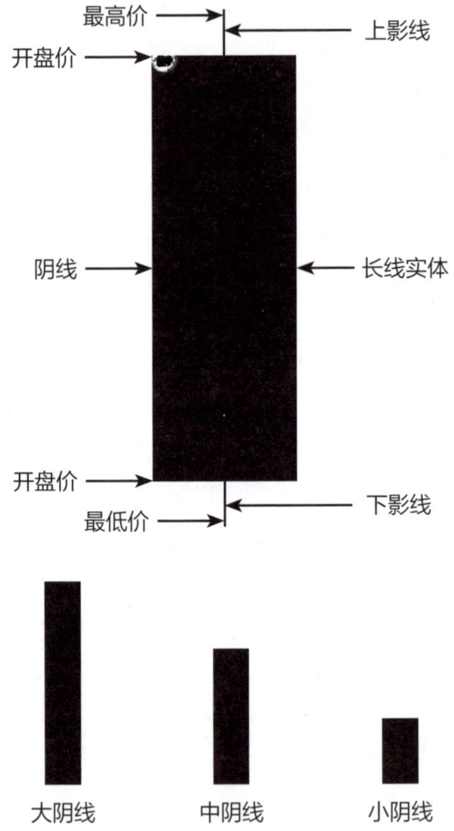

图4-2　阴线示意图

要点分析 3

同价线

同价线是指收盘价等于开盘价，两者处于同一价位时，就会用“十”字形和“T”字形表现出来，所以又被称作十字线、T字线。同价线按上下影线的长短、有无，又被分为长十字、十字线和T字线、倒T字线、一字线等（如图4-3）。

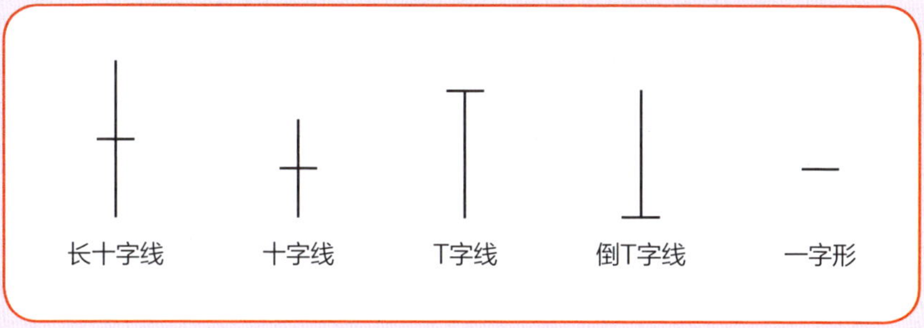

图4-3　同价线示意图

专家点评

K线所包含的信息非常丰富，如果将多根K线按不同的规则组合在一起，又会形成不同的K线组合，投资者所传达的信号也是各有不同。

K线是股市的入门说明书，投资者可以根据K线的变化来判断股价未来的走势，因此虽然K线理解起来比较简单，但是其在实战中的运用却值得投资者认真学习和理解。

涨跌密码19 >>>

上升形态和见底形态

揭秘涨跌

K线作为股市中的特殊语言，其常用形态将近60种，可以分为上升形态和见底形态、下跌形态和滞涨形态、既是上升形态又是下跌形态三种类型。在这里，让我们一起来看看其中的上升形态和见底形态、下跌形态和滞涨形态这两大类。

要点分析 1

上升形态和见底形态

当K线出现上升形态或见底形态后，股价将会出现一段上升，投资者在此时可以考虑积极看多，此类形态表示股价即将上升或者已经见底，在此时投入将是很好的时机。

使用技巧 1

希望之星

“希望之星”也就是人们说的“早晨十字星”，之所以叫作“希望之星”就是因为其常出现在股价连续下跌的过程当中，同时也预示着股价下跌势头已接近尾声，将会出现新的转机了。

“早晨十字星”由三根K线组成：一根阴线、一根十字线、一根阳线（如图4-4）。

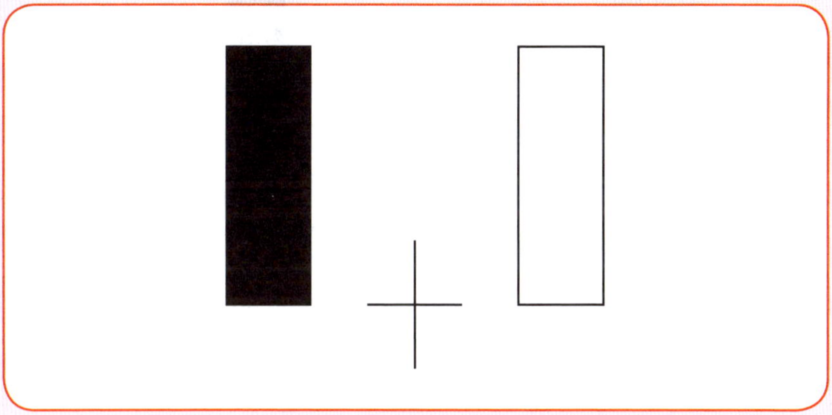

图4-4 早晨十字星

使用技巧 2

平底

平底也就是指K线的底部相互平行（如图4-5），如果在股价大幅下跌之后见到此类K线，那么随后的股价很可能上涨。

使用技巧 3

塔形底

“塔形底”同样是一个股价见底回升的信号，一般出现在股价的下跌趋势中。其形状像一个倒扣的塔顶（如图4-6）。

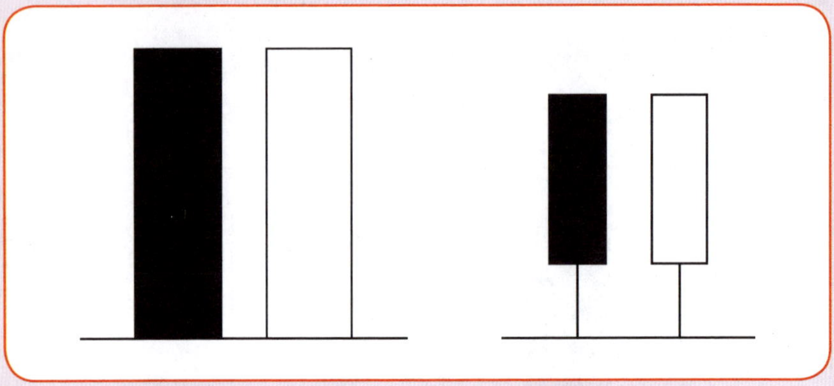

图4-5　平底

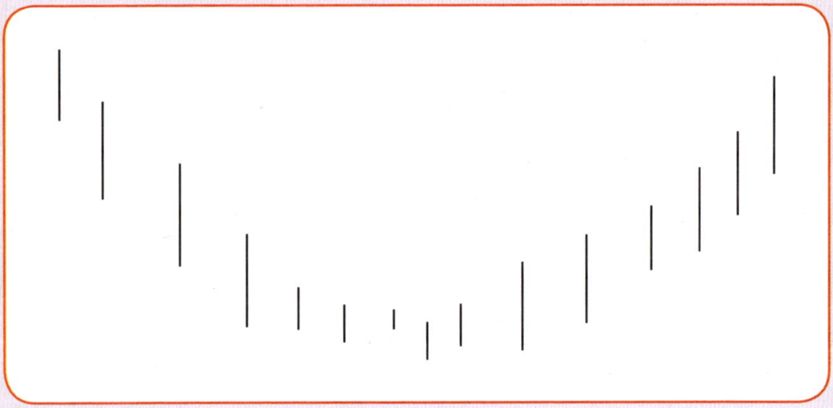

图4-6　塔形底

使用技巧 4

圆底

圆底形态一般出现在股价下跌以及横盘整理期间，它的出现意味着市场做空的力量已经薄弱，其特点为形状为圆底形，并且以小阴小阳线为主，最主要的是，在股价上升的过程中出现向上跳空的缺口（如图4-7）。

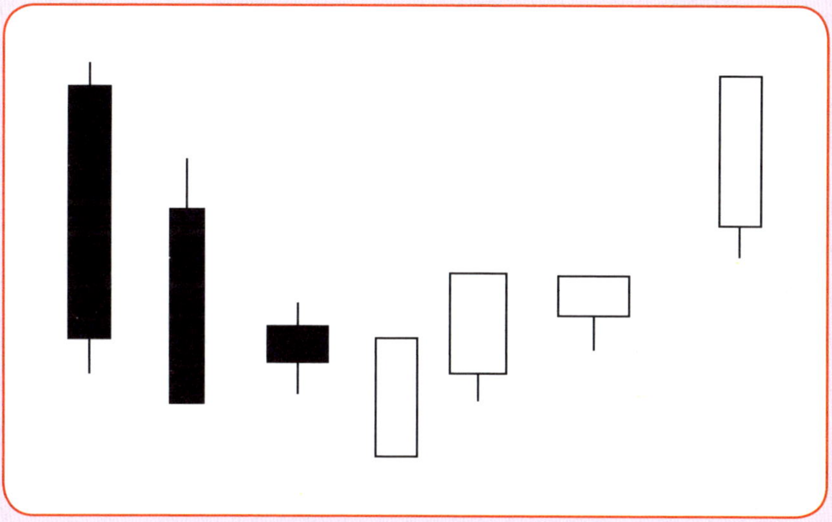

图4-7　圆底

使用技巧 5

旭日东升

“旭日东升”线一般出现在连续的下跌行情中，股价连续下跌、空方旧力已去新力未生的时候，也就意味着多方将翻身并获胜，股市前景良好。其表现形式为一根大阴线或者中阴线后紧跟一根高开高收的阳线（如图4-8）。

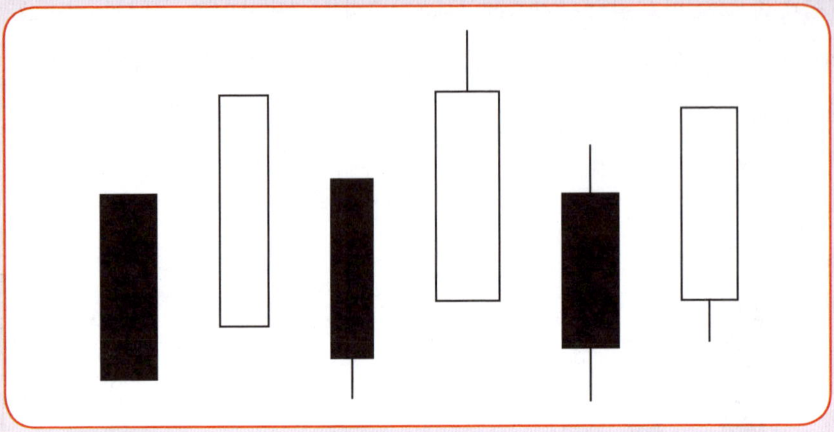

图4-8　旭日东升

使用技巧 6

红三兵

“红三兵”一般出现在股价上涨的初期，是典型的买进信号，此时股市会出现连续的三根阳线，收盘价逐日递增，每天的开盘价在前一天阳线的实体之内且每天收盘价在当天的最高点（如图4-9）。

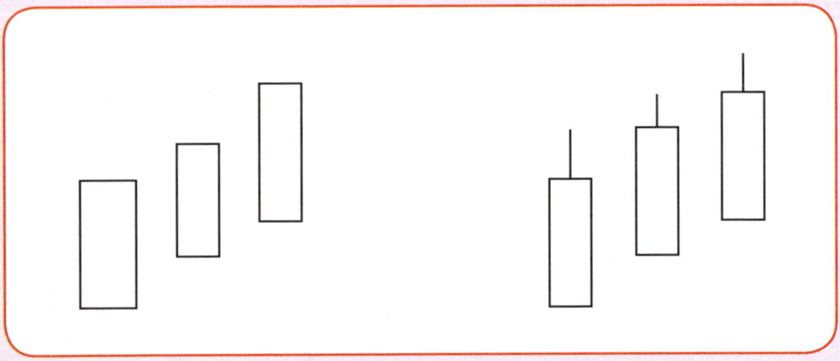

图4-9　红三兵

使用技巧 7

上升抵抗

“上升抵抗”K线图一般出现在股价上涨过程中，所谓的抵抗也就是说在连续跳空开盘，在众多阳线中偶尔夹杂着少量的阴线，但是阴线的收盘价要比前一根K线的收盘价高（如图4-10）。

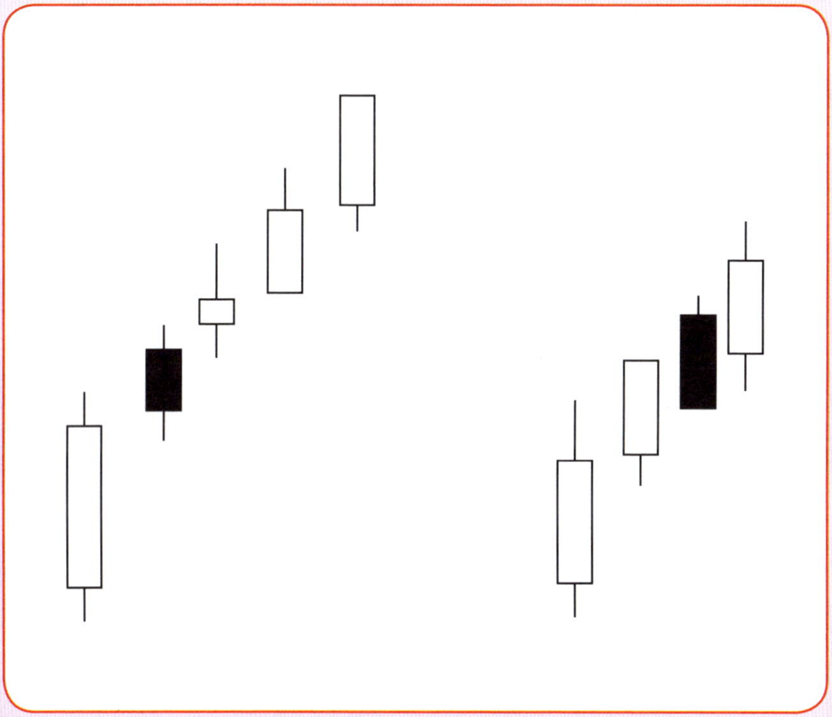

图4-10　上升抵抗

使用技巧 8

上档盘旋

“上档盘旋”一般出现在正在上涨的行情中，如果股市出现一段时间有力的上涨，随后股价停滞不前，并且在高位出现了一些小阴小阳线，那么就是上档盘旋了（如图4-11）。

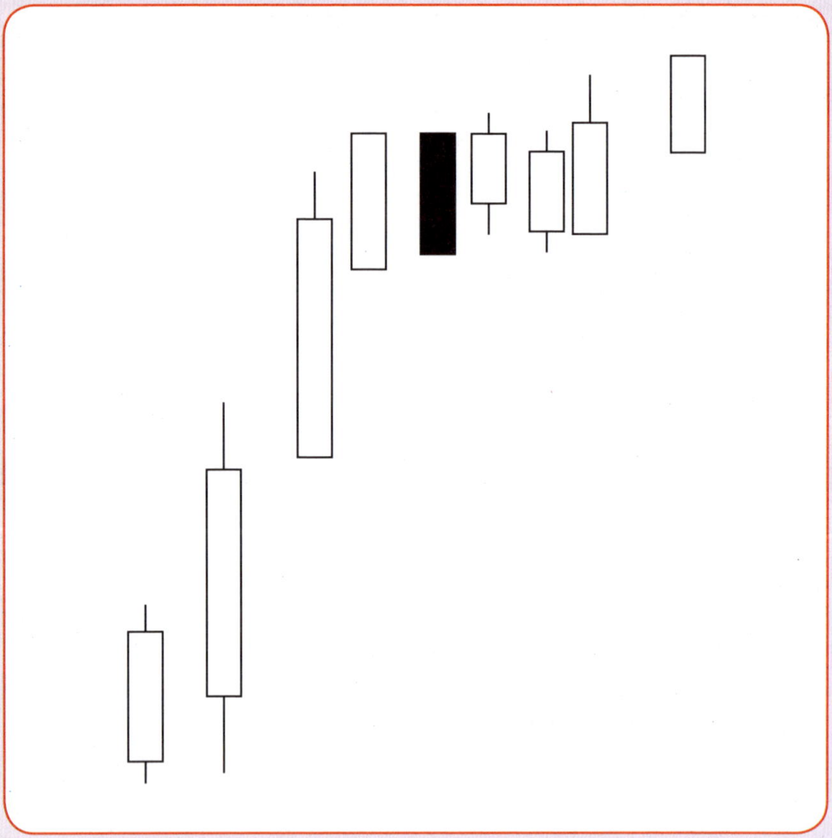

图4-11　上档盘旋

这种高位整理时间如果较长，可能是上涨无力，很可能会开始下跌，而如果时间较短的话，在多方整理结束后，便会积极做多，股价便会持续上升。

使用技巧 9

两阳夹一阴

“两阳夹一阴”形态非常简单，顾名思义：两条阳线中间夹着一条阴线，三根K线所处的中间位置在同一水平线上（如图4-12）。

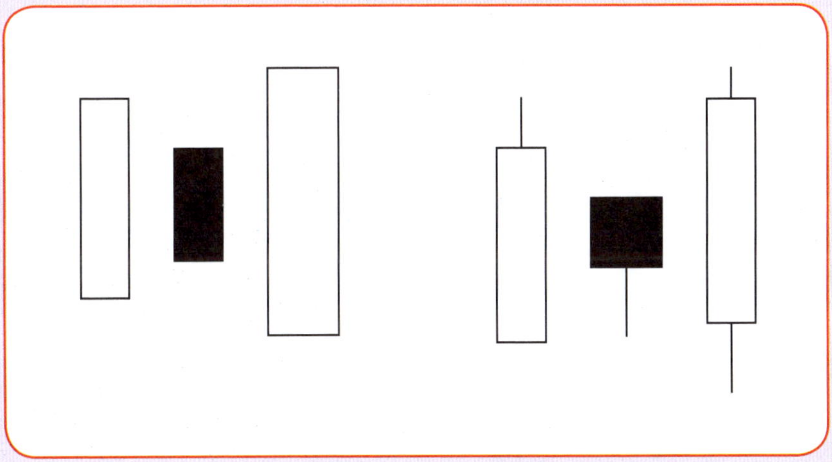

图4-12　两阳夹一阴

这种形态如果出现在上涨行情中，意味着股价将持续上升，出现在下跌行情中，意味着股价将暂时停止下跌。

专家点评

上升形态和见底形态在股市中非常容易见到，投资者如能熟练掌握各种K线组合形态的模式以及代表意义，就能巧妙规避股市中潜藏的一些风险，同时增加自己的收益，收到一石击二鸟的效果。

涨跌密码20 >>>
下跌形态和滞涨形态

揭秘涨跌

与上升形态和见底形态相反的是下跌形态和滞涨形态的出现。通常下跌形态和滞涨形态都预示着股价将会下跌或者停止上升，当股市中出现这类K线，投资者就需要提高警惕了。

使用技巧 1

黄昏十字星

与“早晨十字星”相反，“黄昏十字星”一般出现在股市涨幅过后，向上跳空开盘。“黄昏十字星”的出现正是提醒投资者，股价即将见顶或是已经见顶，马上就要回落，这时投资者应该及时离场。

“黄昏十字星”出现时，开盘价与收盘价相同或者相近（如图4-13）并且留有上下影线的十字星。

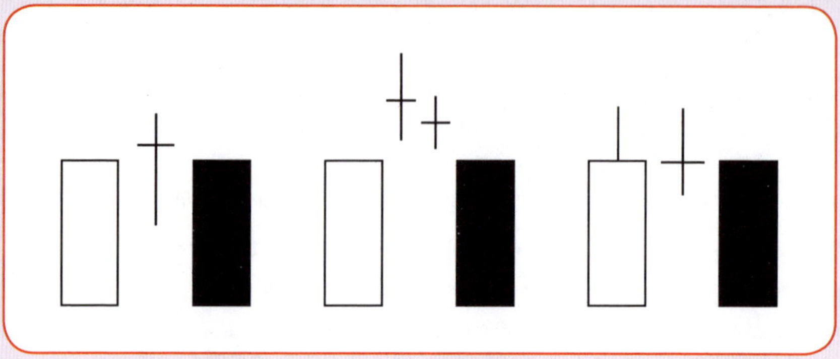

图4-13　黄昏十字星

使用技巧 2

平顶

“平顶”从K线图上来看与“平底”正好相反，临近的两到三根K线的最高价相同或接近（如图4-14）。其意义也与“平底”相反，一般在股价上涨了一定幅度后，出现此类形态，预示着上升即将结束，将会转为跌势。

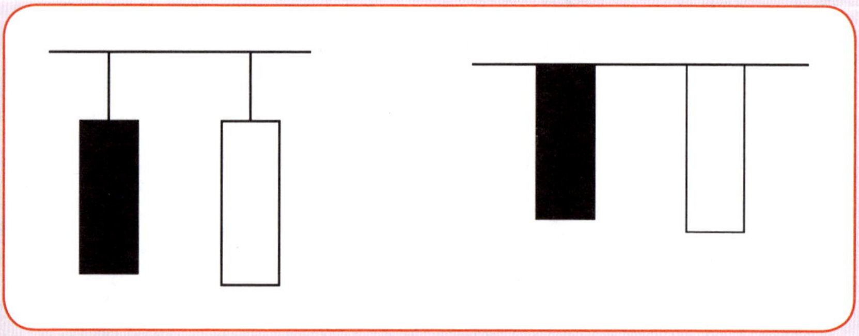

图4-14　平顶

使用技巧3

塔形顶

“塔形顶”一般出现在股价上涨的行情中，其K线图先出现一根长阳线，然后逐渐趋于平缓，在连续出现小阳线或小阴线之后，会出现一根向下倾斜的大阴线，以此组成整个塔形顶（如图4-15）。

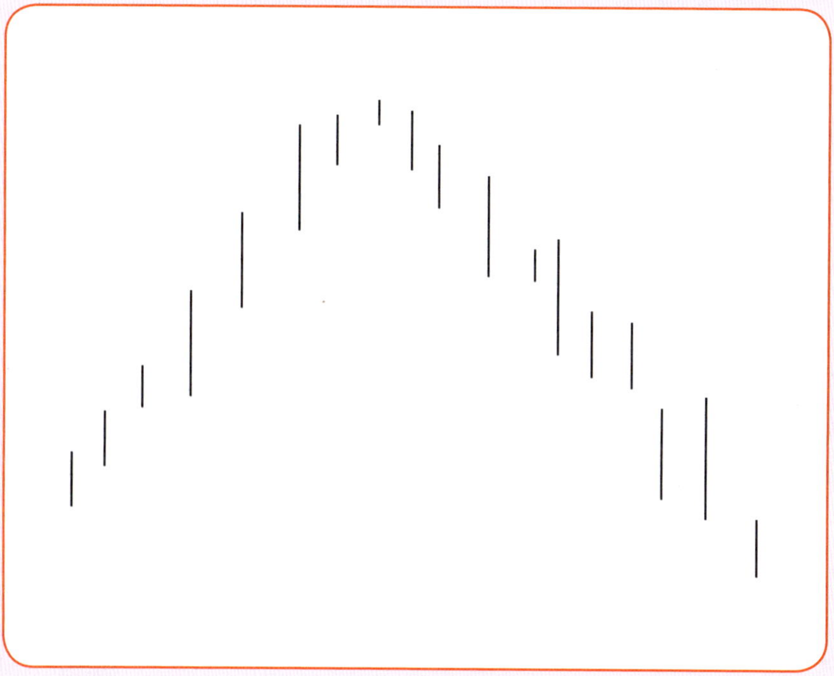

图4-15 塔形顶

使用技巧 4

圆顶

与“圆底”走势类似，判断一只股票的走势为“圆顶”，首先要看该股股价的走势要能构成圆弧形状，并且多为小阴小阳线，同时也必须以下跌的缺口来确认（如图4-16）。

“圆顶”一般出现在股价大幅度上涨之后，预示着多方已经后继乏力，投资者在此时应当注意做好离场的准备，预防股价大跌。

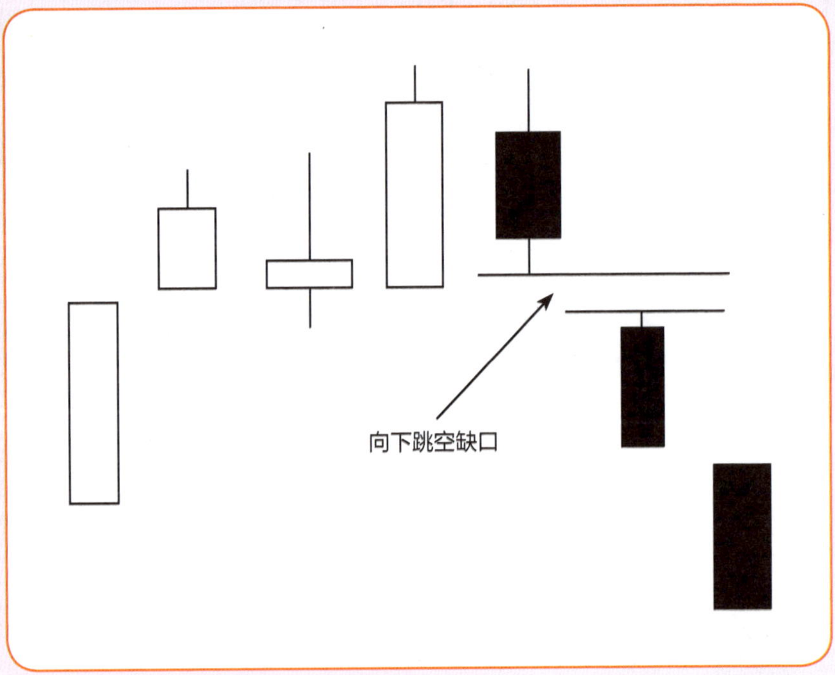

图4-16　圆顶

使用技巧5

乌云盖顶

在上涨行情中，如果第一日收出一根阳线，而第二天的开盘价超过第一天的最高价，但是股价却在收盘时回落，形成一根大阴线，实体向下穿进第一天的阳线实体，那么就可能形成"乌云盖顶"，且阴线实体穿进阳线实体的程度越深，顶部翻转的可能性就越大（如图4-17）。

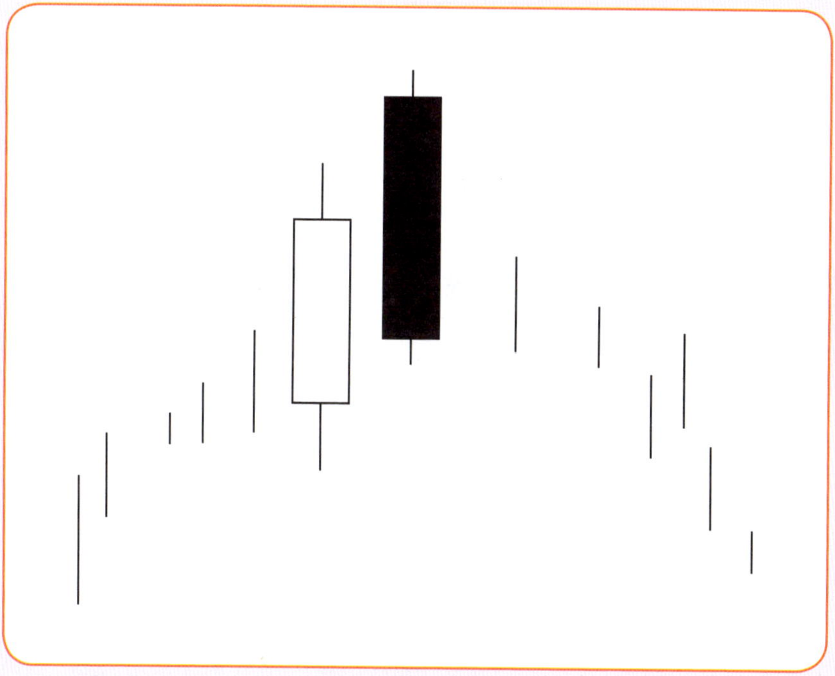

图4-17　乌云盖顶

使用技巧6

倾盆大雨

“倾盆大雨”一般出现在股价小幅上涨后，其形态与“旭日东升”相反，也是一阳一阴，不过是先出现一根大阳线，接着出现一个低开低收的大阴线（如图4-18）。

大多数情况下，如果出现这种形态就意味着后市即将转跌，投资者最好是退出，观望一段时间。

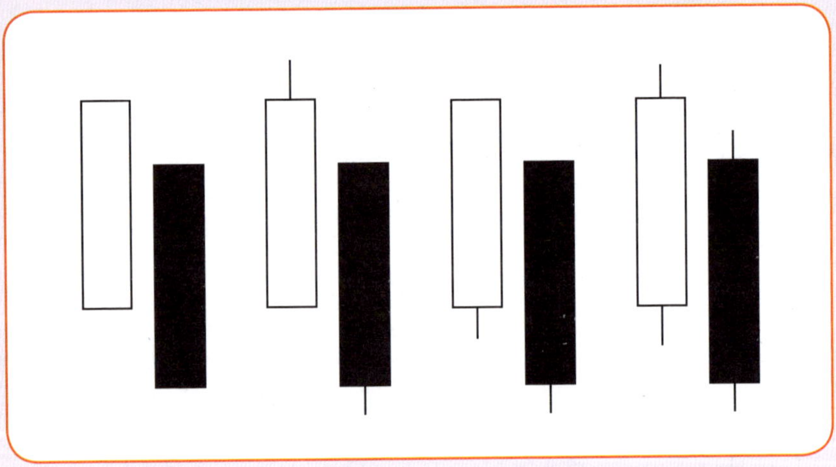

图4-18 倾盆大雨

使用技巧7

倒三阳

“倒三阳”的形态很好辨认，在股价下跌的过程当中，连续拉出三根阳线就是“倒三阳”的基本特征（如图4-19）。

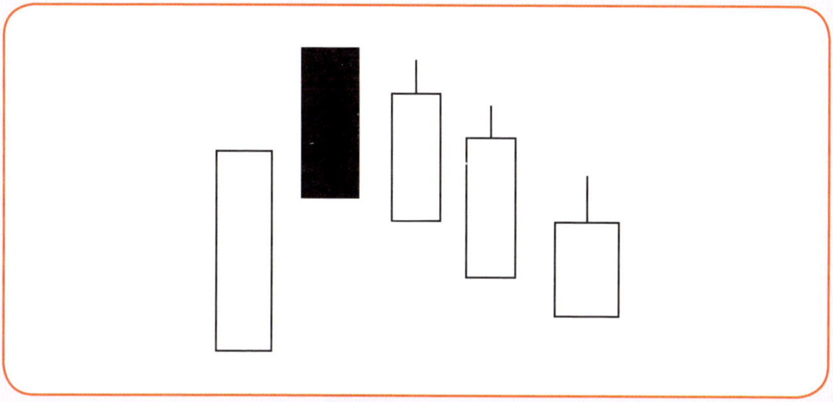

图4-19 倒三阳

这种形态一般在有主力控盘的股票上比较常见，主力为了能够出逃，故意营造出这样一种错觉，让大部分散户觉得股价即将稳定上升，而实际上一旦买入，就会被套住。千万不要被连续的阳线所迷惑，认真分析，此时离场才是最好的选择。

使用技巧 8

下跌三颗星

“下跌三颗星”一般出现在股价下跌的过程中。股价持续处于弱势，短时间没有转折的可能，K线图上连续出现三根小阳线（如图4-20），这表明股价还有一段时间下跌，投资者在此时应当谨慎操作。

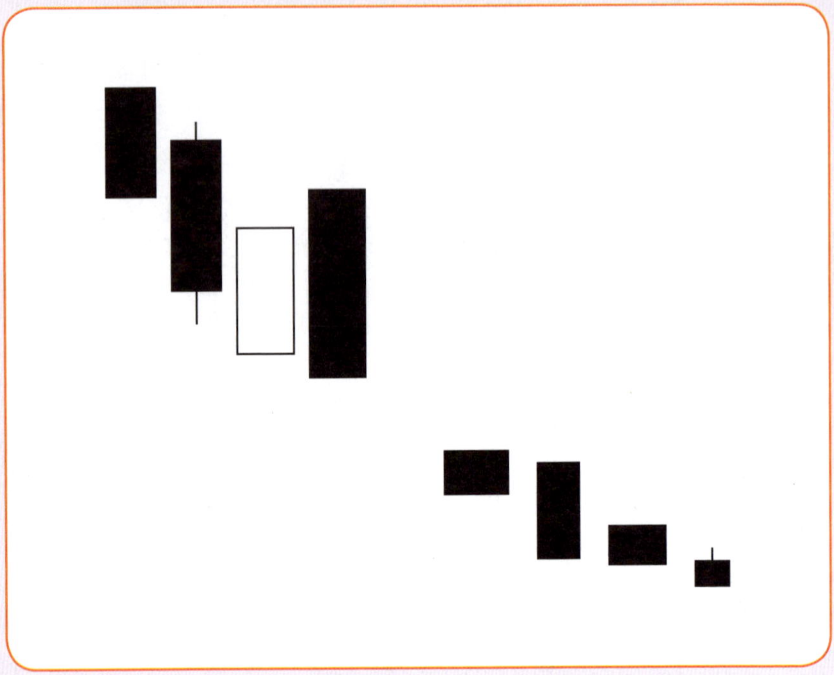

图4-20　下跌三颗星

使用技巧 9

空方尖兵

此形态出现在股价下跌过程中，表示多方给予了空方强力的反抗，K线图上出现了一根带有下影线的阴影，股价也会出现短暂的反弹，但空方的攻势强烈，股价很快穿越了前面的下影线（如图4-21）。

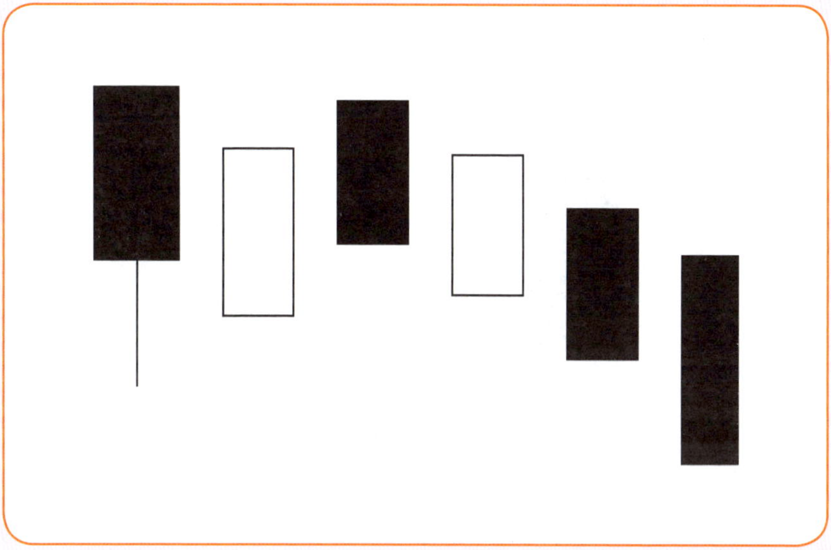

图4-21 空方尖兵

如果股市出现了这种形态，就预示着股价会继续下跌，投资者可看准时机做空，规避风险。

使用技巧 10

两阴夹一阳

"两阴夹一阳"的基本形态就是两根实体较长的阴线中间夹着一跟实体较短的阳线（如图4-22）。

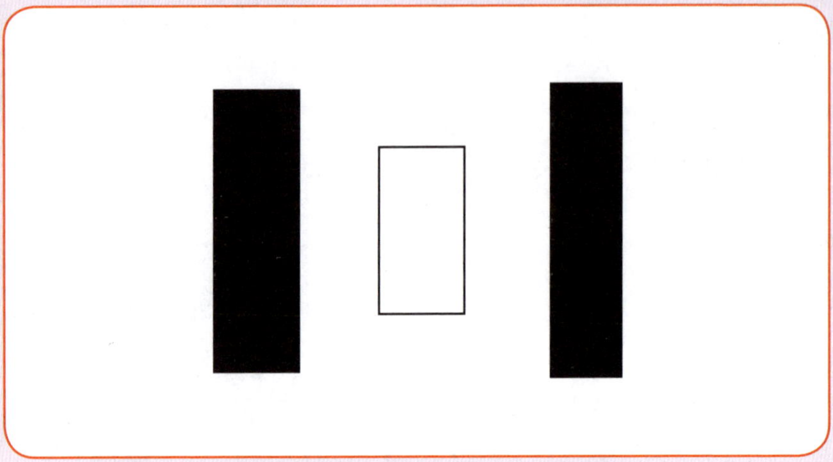

图4-22　两阴夹一阳

这种形态无论是出现在上升还是下跌的行情中，都是一种不好的信号，预示着股价将转升为跌或者是继续下跌。

专家点评

投资者在股市中实际运用这些K线组合形态时，需要根据实际情况进行综合分析。当下跌或滞涨形态出现时，投资者不妨保持看空思维，尽量选择持币观望，谨慎操作，合理规避投资风险。

涨跌密码21 >>>
头肩顶与头肩底

揭秘涨跌

“头肩顶”与“头肩底”是两种反转形态，都预示着股市将要出现转折，只要掌握好时机，辨认好转折的信号，就可以在最合适的时候买入或者卖出，下面我们看看这两种形态在股市中出现分别代表了什么含义。

要点分析 1

头肩顶

“头肩顶”是观察股市较为重要的技术形态之一，其形态有三个明显的高峰，中间的要比其他两个高峰略高（如图4-23）。

可能由于一轮股市投资热潮，导致刚开始成交量放大、股价上涨，经过一个短期的回落调整后，会有一批错过第一次上涨的股民在回落期间买进，股价将会继续上升，而且由于一轮的热潮，股价将会超越上次的高点，从走势上来看，表现得很乐观。但实际上成交量已经不如之前了，这就表明了买方的力量正在逐步减弱。这时会有一部分对股市前景不看好的人，以及没有及时在上次高点卖出的做短线投机的人，都会卖出手中的股票，导致股价再一次回落。

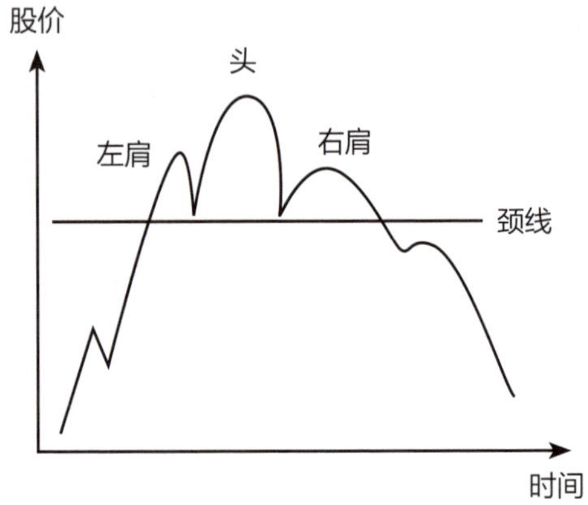

图4-23　头肩顶

即使后来股价又有第三次上升，也不会再攀升到之前的高点了，而且成交量的下降，以及股市热度的下降，都将导致股市进行一次大幅度的下跌。

通常，当最近的一个高点的成交量较前一个高点低的时候，很可能就出现“头肩顶”的形态，有经验的投资者会在股价第三次回升、成交量继续下降的时候卖出。而当“头肩顶”的颈线被击破的时候，也正是卖出的明确信号，跌势才刚刚开始，后面还会继续下跌，所以在此时卖出是最好的选择。

要点分析 2

头肩底

“头肩底”同样是一种典型的反转形态，同时还被人们称作“倒转头肩式”。与“头肩顶”相对，经过一段时间的下跌，形成“左肩”的时候股价虽然还在下跌，但是成交量却在增加，接着会有一轮较小的上升，但很快就会跌破上次最低点，成交量再次增加，股价下跌到最低点，形成“头部”。在“头部”的最低点回升到第一次的反弹高点时，出现第三次回落，当跌势稳定后便形成了“右肩”。最后，股价会策动一次上升趋势，同时伴随成交量放大，冲破颈线，便形成了完整的“头肩底”（如图4-24）。

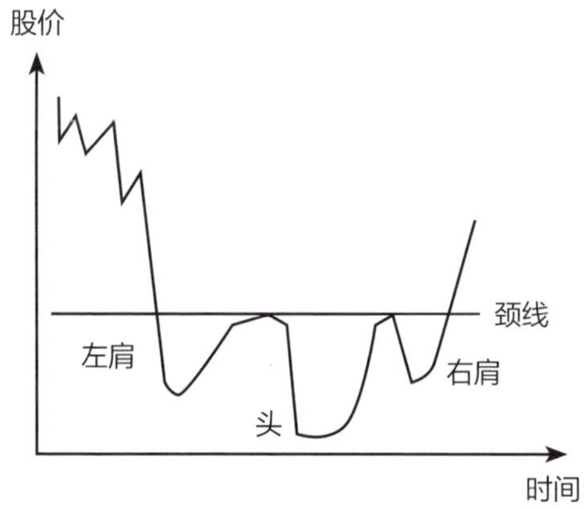

图4-24 头肩底

"头肩底"的出现，表明股市前景良好，过去的长期劣势已经扭转，很快便会出现反弹。这时股市中买家的力量逐渐增加，一旦突破了颈线，那么买方将完全掌控市场，所以突破颈线对于"头肩底"来说也是一个明确的买入信号。

专家点评

当个股出现头肩顶反转形态跌破颈线的情况时，投资者无须过多关注成交量的变化，研判此突破是否有效；而当个股出现头肩底的上涨突破颈线的情况时，如果没有较大的成交量出现，那么其可靠性就比较低，个股或许还会跌回底部多停留一段时间进行整理后才会回升。

涨跌密码22 >>>

圆弧顶和圆弧底

揭秘涨跌

我们常常能在股价的顶部和底部看到圆弧形态，那么这些圆弧都意味着什么呢？如果圆弧形态出现在底部，表示股价开始时呈弧形下跌，因为虽然卖方依旧强势，但是仍有一股买入的力量在与之较量，在最底部时，买卖力量最终达到均衡。此时的成交量大体上与其价格走势同步。而后买方力量逐渐强于卖方力量，股价随之上升，直到买方完全掌握市场，股价将迎来一次大幅提升（如图4-25）。

要点分析 1

圆弧底

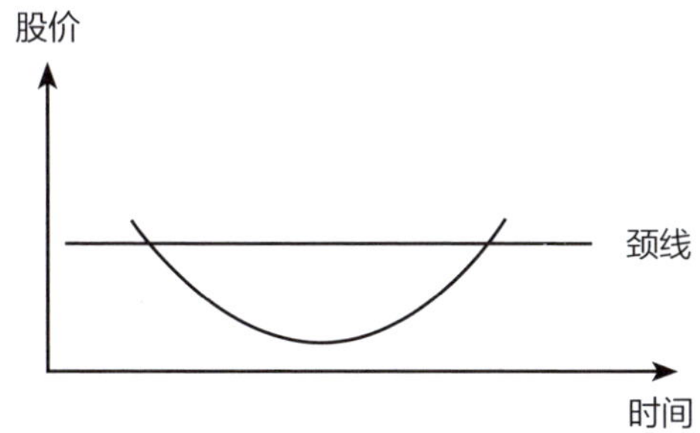

图4-25 圆弧底

实盘解读

2013年11月至2014年1月，数码视讯（股票代码：300079）的股价先跌后涨，并且形成一种圆弧的形态。与此同时，成交量与股价也配合得十分默契，同样走出圆弧形态。一般来说，当股价形成圆弧底的时候，如果成交量也同样呈现圆弧底的形态，该只股票上涨的可能性就会大大增加，图4-26中所呈现的后市走向也恰恰印证了这一判断。

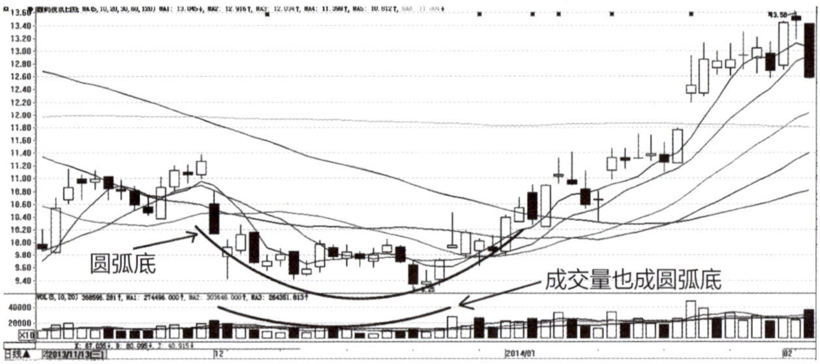

图4-26　2013年11月至2014年2月数码视讯K线图

要点分析 2

圆弧顶

与之相对的便是圆弧顶，如果圆弧形出现在股票顶部，股票一开始呈弧形上升，但上升不久就会开始回落（如图4-27）。

开始时也许很缓慢，但是却预示着卖方力量已经逐步超过了买方力量，一轮大跌即将到来。投资者应在圆弧顶形成之前快速离场，否则跌势可能很快会转大（如图4-28）。

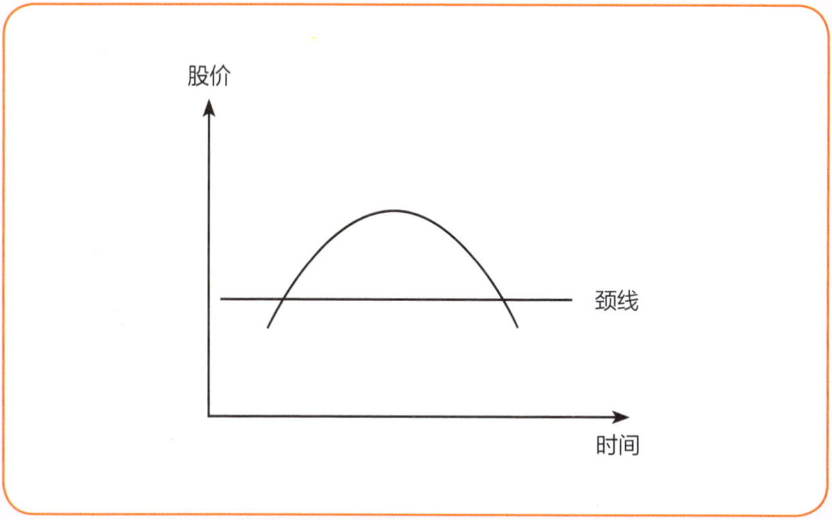

图4-27　圆弧顶

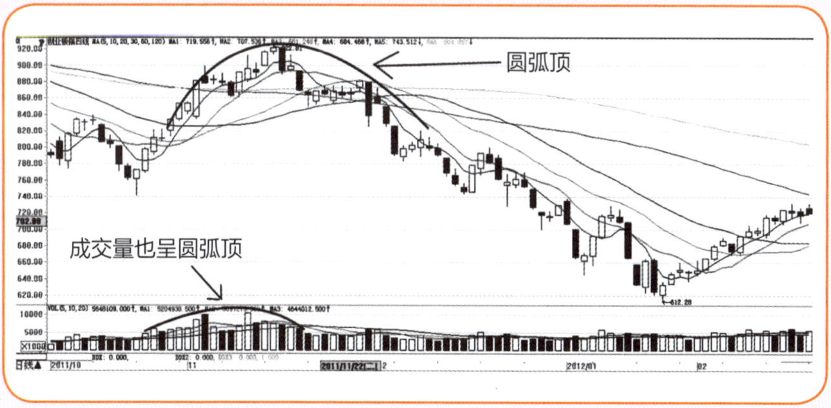

图4-28　2011年10月至2012年2月创业板指K线图

当圆弧顶形态完全构成后，股价开始一路下跌，如果没有在圆弧顶形成之前离场，最终的结果便是被套在其中。

专家点评

圆弧顶和圆弧底的形成，都需要一段时间的构筑和积累。因此，投资者在股市进行投资操作时，如果无法在极短的时间内做出判断，不必急于做出盲目的决定，此时可以选择持币观望一段时间，等到数据足以支持判断时，再做决定也不迟。

涨跌密码23 >>>
双重顶和双重底

揭秘涨跌

双重顶（M头）和双重底（W底）在我国的股市中出现的频率非常高，其出现后所造成的影响也通常较大。其中双重顶代表后市有见顶可能，是即将下跌的信号。而双重底正好相反，是一种预示即将涨升的形态。

要点分析 1

双重顶

双重顶K线轨迹看上去像是一个M字母，是由于一只股票上升到某一价格时，出现了大量的成交量，股价随之下跌，经过一段时间后，成交量减少，股价又回升到之前相近的高点，成交量也会再一次随之增加，但却无力突破前一次的峰值，直到再次下跌，构成M形，也就是双重顶的形成（如图4-29）。

该股票在经过了1—2月两个月的小幅上涨后，在高点出现了双顶形态，并且第二个顶形成的同时，交易量出现缩小，说明双重顶形态正式形成，随后股价便开始下跌，最终跌破颈线。

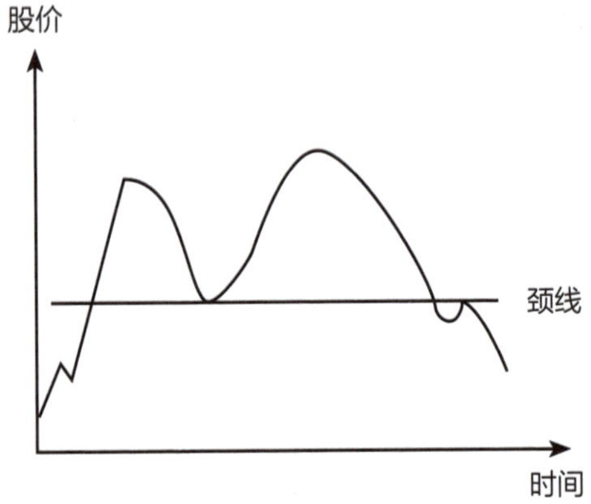

图4-29 双重顶

要点分析 2

双重底

双重底与双重顶的形态相反，呈现出的是W形。当股票持续下跌到某一低点后，会出现一次短暂的小幅回升，当跌到最低点的时候，会得到一定支持，出现第二次回升，同时成交量明显增加，也就构成了W形的双重底（如图4-30）。

双重底作为一个反转形态，它的出现意味着股票将有所好转。经过一段小幅度的震荡，该只股票出现了一个双底形态，并且在第二个低点的时候交易量开始逐步增加，最终股价一路上升，突破颈线，并在上升过程中拉出了多条大阳线，预示着还有上升空间。

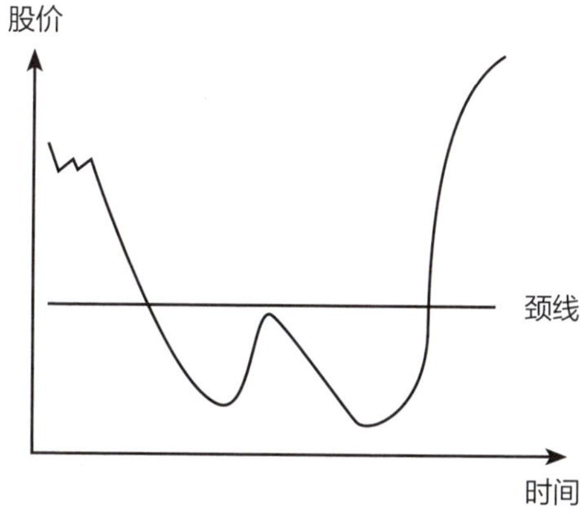

图4-30 双重底

专家点评

双重顶的顶点应有明显的成交量配合，而且第二个顶点的成交量通常会少于第一个顶点的成交量。而双重底的第二个底部一般成交情况都十分低迷，成交量也没有出现明显的放量，但在突破时必须得到放大的成交量配合才能确认。

涨跌密码24 >>>
底部岛形反转和顶部岛形反转

揭秘涨跌

“岛形反转”在技术分析图形中是一个重要的依据，因为此类图形一旦出现，往往就意味着股票走势将要反转，看到此类形态，投资者需要及时做出判断，是买入还是卖出。

要点分析 1

底部岛形反转

股价在持续下跌一段时间后，突然跳空低开，留下一个缺口，随后几天股票继续下沉，下跌到某一点，突然回升，并且势态迅猛，向上跳空，同样留下一个缺口（如图4-31）。

底部岛形一旦形成，便意味着形势已经彻底逆转，投资者可以考虑积极做多。

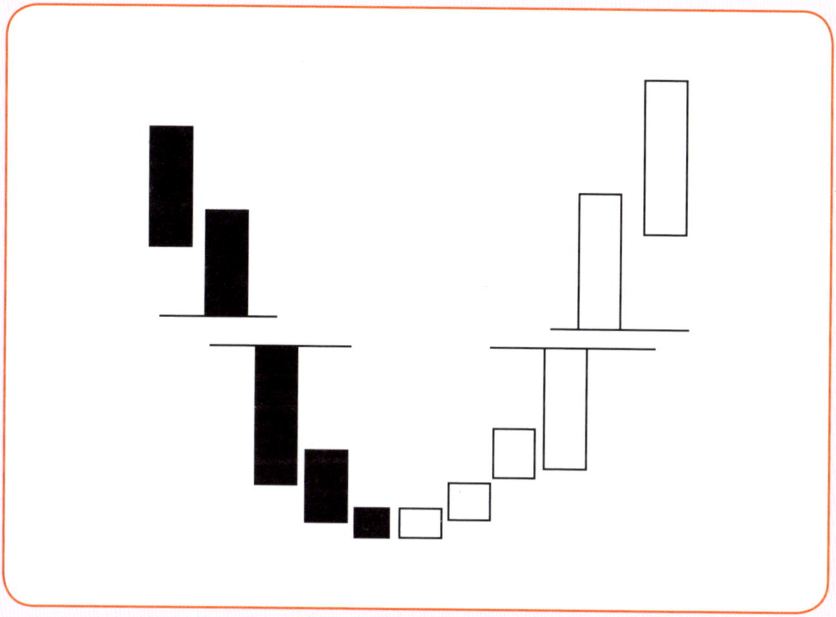

图4-31　底部岛形反转

要点分析 2

顶部岛形反转

与之相对的顶部岛形反转，情况类似，指示在股价持续上升一段时间后，突然向上跳空缺口，加速上升，但不久开始向下跳空，开始下跌（图4-32）。

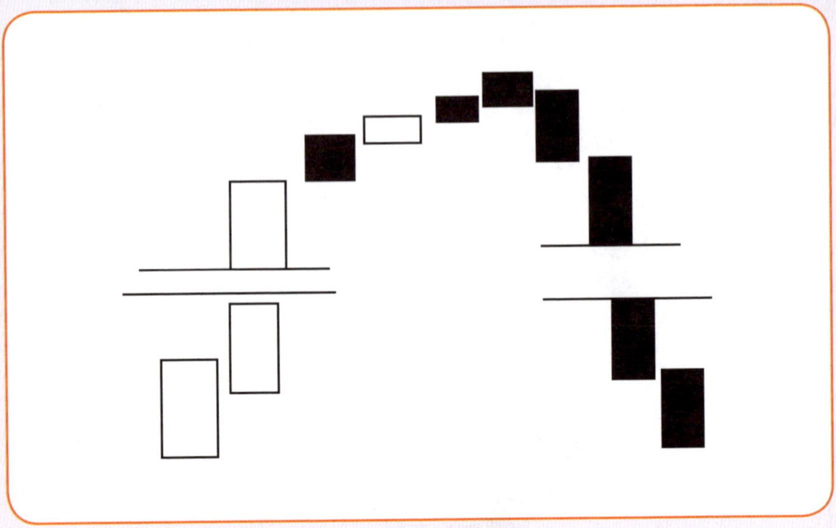

图4-32　顶部岛形反转

顶部岛形反转一旦确立，投资者应该考虑是否要出局了，因为近期股价都有可能低迷不振了。所以看到岛形反转的形态，投资者们一定要谨慎操作。

专家点评

投资者在进行股市投资时，如果遇到顶部岛形或者底部岛形应该注意以下几点：

1.底部岛形反转后，股价避免不了出现激烈的上下震荡的情况，但通常股价在下探上升缺口后会停止下跌，然后再次进入上涨阶段。

2.一旦确认底部岛形反转形成，应该选择果断、及时介入。

3.顶部岛形是一个转向形态，说明中长期趋势已发生变化，投资者应该选择及时止损，离场观望。

涨跌密码25 >>>

V形和伸延V形

揭秘涨跌

V形反转在股市的K线组合里很常见。V形反转是一种强烈的上涨信号，它的出现一般都是K线趋势经过一段较长时间的下跌后，突然拐头向上，而且有相当一段的持续性，在K线图上留下一个类似字母“V”的图形。伸延V形是V形的一种延展形态。

要点分析 1

V形

V形是炒股过程中比较常见的、极具代表性的反转形态，它的出现，往往表示当前市场波动剧烈。价格仅出现一次高点或低点便迅速逆转趋势，向反方向迅速发展（如图4-33）。

V形反转通常不会有明显的征兆，不受控制地出现，但是其力度却是惊人强大，通常能起到十分重要的作用。投资者该如何把握好这个机会呢?

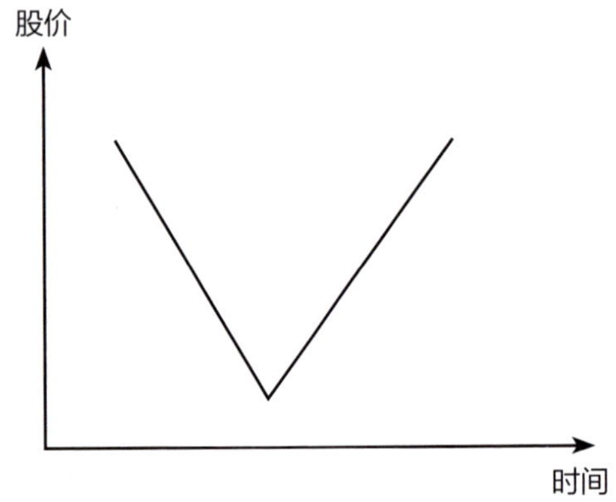

图4-33　V形

实盘解读 1

东方电子（股票代码：300217）在2014年5月至7月，股价先是大幅下跌，甚至一度跌破120日均线。这样的大幅下跌难免会吓走一些股民。该股于2014年5月19日开始收出阳线，由跌变涨，并且一路走高，在图形上留下一道深V痕迹，仅仅一个多月的时间涨幅就达到了42.2%（如图4-34）。

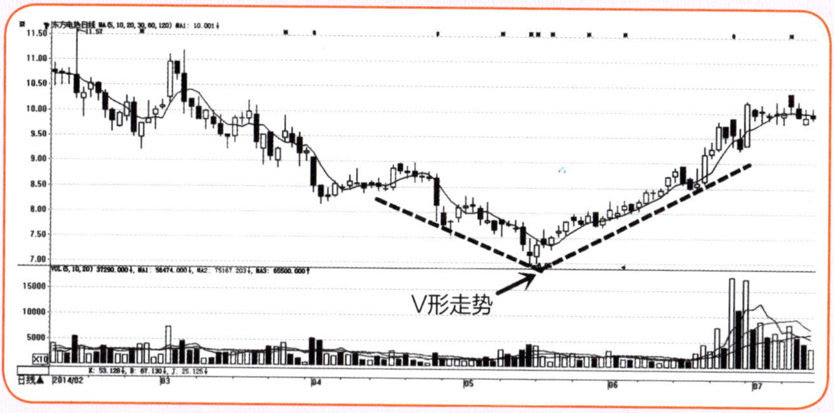

图4-34 2014年2月至2014年7月东方电子K线图

一般来说，如果股价在短时间内跌幅越大，力量越强，那么出现V形反转的可能性也就越大。同时在V形反转形成前，一般都会伴有成交量大幅增加。最稳妥的办法还是配合着中长期的均线来进行判断，比如利用20日、30日、120日均线观察，看是否能够确定V形的成立。

要点分析 2

伸延V形

伸延V形也就是V形的变式。有时股价并不会直接形成完整的V形，在形成过程中，会出现一些波动，有一部分出现横向的整理区域，这是因为还有一部分投资者对局势还不是很有信心，还处于观望状态。但是当投资者确立了对局势的信心，股价就会继续完成V形走势。

在出现伸延V形的时候会有一段时间处于波动徘徊状态，在徘徊区的低点买进，一旦形态完成，自然可以有所收获。

实盘解读 2

天泽信息（股票代码：300209）在经过一段时间的大幅下跌后，在底部开始横盘整理。股价虽然有小幅的上下波动，但是整体走势倾向于横盘态势。说明在股价大幅下跌后，即使抱有看多心态的股民对后市也不是十分有信心。但是这样的情况没有维持多久，该股从2015年1月16日开始连续收阳，股价一鼓作气大幅攀升，到2015年3月16日涨幅达到了44.1%，同时这样的走势也在图形上留下伸延V形的痕迹（如图4-35）。

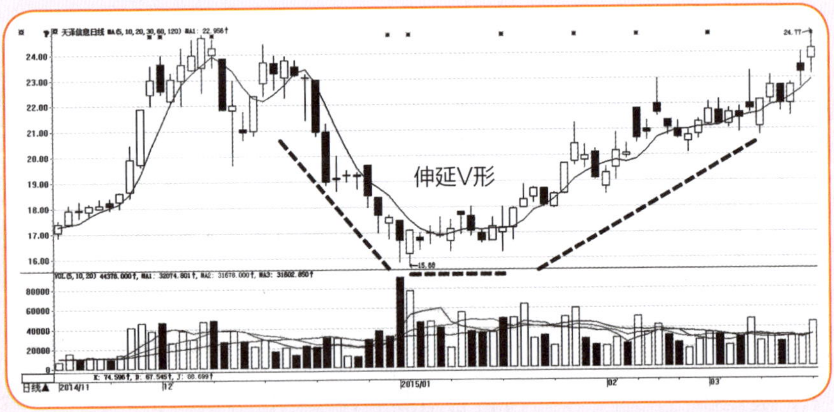

图4-35　天泽信息2014年11月至2015年3月K线图

专家点评

V形和伸延V形走势是股市中比较常见、力度极强的反转形态。这两种形态往往出现在市场剧烈波动之时，在价格底部或者顶部区域只出现一次低点或高点，随后就改变原来的运行趋势，股价呈现出反向的剧烈变动。

第五章

解码指标：股市的秘密，就藏在这些指标里

快速导读

有数据表明，中国股民80%是不赚钱的，10%是保本的，只有10%的人能够真正靠炒股赚到钱。这仅有的10%凭什么跑赢大盘？答案之一，是他们都对股市分析指标了若指掌，能够将这些旁人看不懂的技术工具熟练应用。他们知道，股市涨跌的密码，就藏在这些晦涩难懂的数据和指标里。

涨跌密码26 >>>

移动平均线：大盘的生命线

揭秘涨跌

移动平均线作为最常用的平均线，也被称为大盘的生命线，分为5日、10日、30日、60日、120日和240日这几种。按照时间的长短，又分为短期移动平均线（5日、10日）、中期移动平均线（30日、60日）和长期移动平均线（120日、240日）。其中，5日、30日、120日移动平均线使用最为频繁。

要点分析 1

5日均线

5日均线是指最近的五个交易日内的平均收盘价，多方护盘的中枢就是5日均线。当股价被推升到了一定的高度，获利盘会开始打压，所以投资者在股价跌破5日均线的时候离场最为合适。反之，当股价上涨超越5日均线收盘的时候，主力会抓住这一良好信号，积极抬高股价，吸引更多的人入场，所以这个时候购买也是最合理的。

实盘解读 1

海宁皮城（股票代码：002344）在2013年4月12日向下跌破5日均线，第二个交易日股价有向上突破的欲望，但是后劲不足，终究没有突破成功。一直到了4月16日终于向上突破5日均线，同时保持了抬头向上的趋势，这个时机正是投资者最好的入场时机。18日这只股票仍保持在5日均线之上，所以可以认为这次突破是有效的。随后主力发力，保持住了该股的上升势头，其中虽有几次破位调整，但之后都调整到了5日均线之上，所以破位无效（如图5-1）。

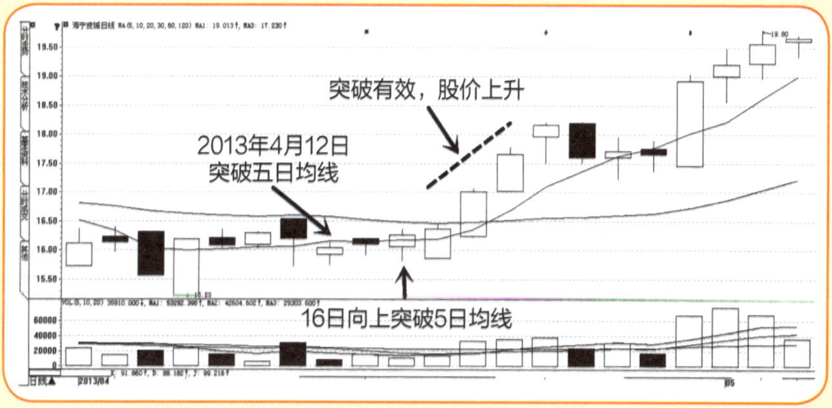

图5-1 2013年4月海宁皮城K线图

要点分析 2

30日均线

30日线被称为股市大盘的中期生命线，因为其周期较长，所以稳定性也更高，相对更加可靠，一旦形成，轻易不会改变。

股价想要向上突破30日均线，需要大量的成交量支持。投资者可以借助这种现象，来判断买卖时机。如果股价向上突破了30日均线后又重新降回到均线，并且伴随着成交量的减少，那么就是投资者买进的好时机。如果股价降回到30日均线之下，并且走势不好，甚至创了新低，那么无疑股价将会继续下跌，此时投资者应当理智出局，以防止损失。

5日均线还可以与30日均线结合起来使用，一旦主力的行动影响到了30日均线，投资者就可以配合5日均线，来观察是否适合买入或者卖出。

实盘解读 2

北陆药业（股票代码：300016）于2013年12月26日向上突破了30日均线，在28日回抽30日均线，宣布突破有效，这正是投资者买入的好时机。随后这只股票一路向上，虽有几次震荡调整，但却不影响整体走势。直到3月12日跌破30日均线，并且回抽确认，同时成交量大幅提高，证明主力已经开始出货，如果投资者没有把握这个时机离场，也要选择尽快离场，把损失降到最低点（如图5-2）。

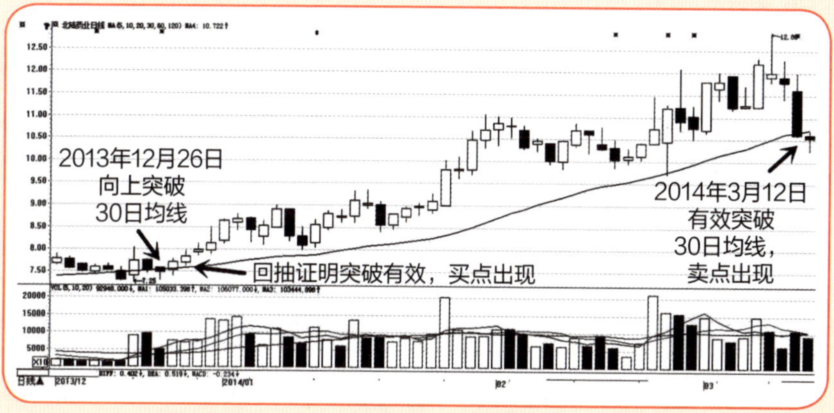

图5-2　2013年12月至2014年3月北陆药业K线图

要点分析 3

120日均线

相比于5日均线和30日均线，120日均线的周期更长，也更加稳定。长达近6个月的交易周期，主力必须是有了一定的积累，才可能让股价一举突破120日均线。许多获利盘或许经不起6个月的持久战从而选择离场，这样主力就能从容收取底部筹码，股价继而上涨。主力往往会在股价在120日均线上运行一段时间后，进行多次洗盘，这也就是120日均线回抽的过程。这个时候很多投资者都会离场，而很多投资者由于不够果断，怕买不到底部价而不敢轻易介入，与赚钱机会擦肩而过。

实盘解读 3

中国石化（股票代码：600028）在120日均线附近调整了一段时间，积蓄了一定的能量，根据成交量来看，主力已经掌握了大部分的市场筹码。2014年11月26日，股价开始向120日均线发力，攻势虽然不是十分猛烈，但多方始终占据上风，最终向上突破了120日均线。11月27日，该股遇到空方反攻，但多方依旧占据上风，成功反抽，成功突破120日均线，随后继续发力。这个时候，投资者等待已久的最佳买入点已经出现。此后该股在多方的力量引导下，走出了一波大幅拉升的牛股行情（如图5-3）。

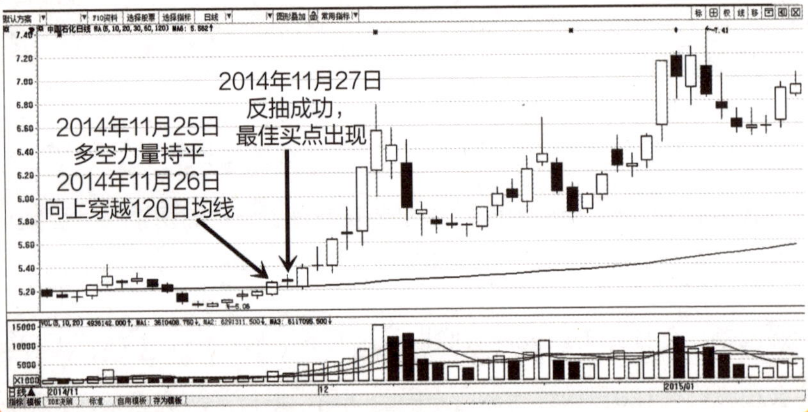

图5-3　2014年11月至2015年1月中国石油K线图

专家点评

5日均线、30日均线和120日均线只是均线中比较常用的几种，并不是说完全凭借这三条均线就可以完整地判断股票走势。股票市场随时可能发生变化，想要准确地预测，还要结合多种均线以及其他工具，综合比较。投资者切莫犹豫不决，错过赚钱良机。

涨跌密码27 >>>

MACD：不可替代的股市解码工具

揭秘涨跌

MACD指标也是投资者必须掌握的一个工具，我们叫作平滑异同平均线。由于其判断准确性高，有些股民可以利用它来独立判断市场后续走势，在股市投资中有着不可替代的作用。

关于MACD指标，还有很多相关的名词。例如：金叉、死叉、拒绝金叉、拒绝死叉、空中加油，等等。这些名词对于MADC的利用有着很重要的作用，下面让我们先来看看其中几个。

要点分析 1

死叉

死叉，全称“死亡交叉”，从图形来看，就是MACD指标中的DIFF线向下交叉DEA线，并同时朝下发展（如图5-4）。之所以叫“死叉”不仅是因为其名字是DEA线，而是死叉所呈现的股票未来走势不妙，谁买谁“死”。

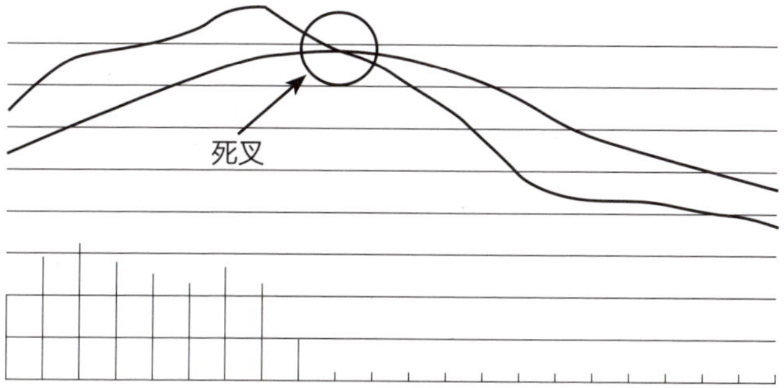

图5-4　死叉示意图

要点分析 2

金叉

金叉则是一种与死叉完全相反的表现，全称是“黄金交叉”，是由一根时间较短的均线从下方向上穿过时间较长的均线，然后同时朝上发展（如图5-5）。金叉的含义也与死叉截然相反，只要投资者能在金叉出现时买入股票，挣钱就是一件很容易的事情了。股票中如果出现了金叉，那么该只股票的走势将一路飙红，势不可当。

如果两条均线没有同时朝上发展，那么也就说明金叉并没有成立。在一般的情况下，死叉代表的是卖出信号，而金叉则代表着买进信号。

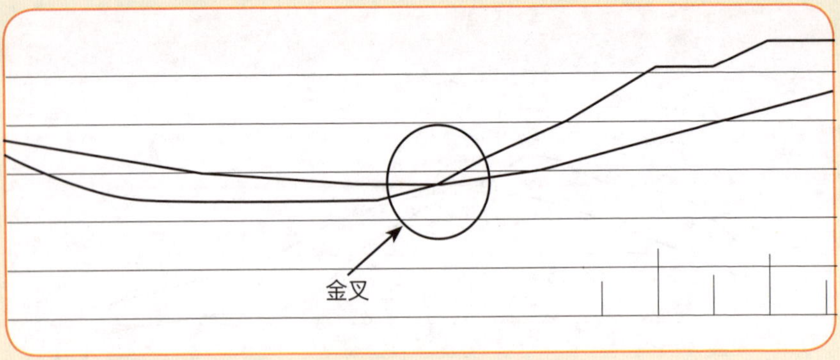

图5-5　金叉示意图

要点分析 3

拒绝死叉

股价下跌时，DIFF指标就会下降，而由于主力的控制，DIA指标不会在短时间内产生明显反应，而会继续缓慢上升。在DIFF线与DEA线即将交叉，并同时向下形成死叉时，主力往往会开始抬升股价，导致DIFF指标的方向突然改变，在即将形成死叉的时候转头向上，这种现象被形象地称为“拒绝死叉”（如图5-6）。

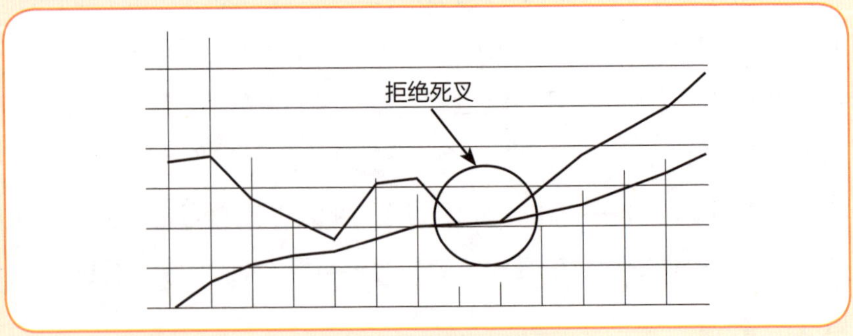

图5-6　拒绝死叉示意图

如果股票出现了拒绝死叉，那么股票价格将会上升，且涨幅会很大。投资者可以选择在死叉形成时，进行观察准备，因为拒绝死叉随时可能形成。保守一些的朋友可以选择等待拒绝死叉完全形成后进入，如果心急或者勇于冒险，并且经验丰富，也可以在观察后提前进入。

实盘解读 1

中青宝（股票代码：300052）在2013年6月25日出现了MACD拒绝死叉的情况，股价开始小幅攀升。随后在7月9日，再一次形成拒绝死叉并成功拉起股价，投资者如果此时介入，就能以16元左右的价格购入该股。直到9月10日时，该股价格已经涨到50.2元，涨幅达到178%，产生了较大的获利空间（如图5-7）。

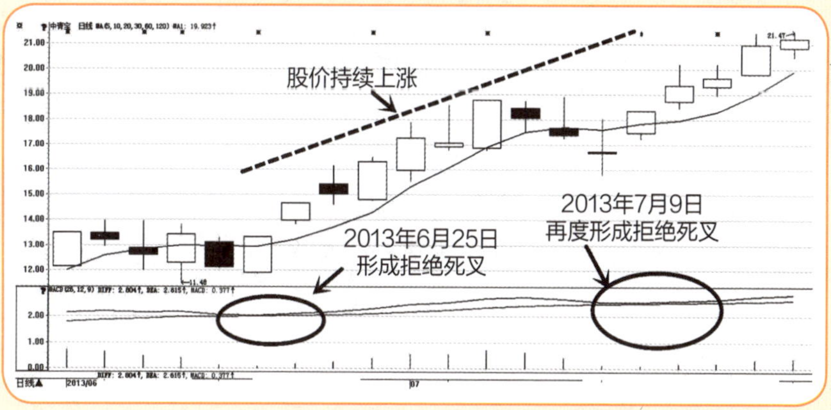

图5-7　2013年6月至2013年7月中青宝K线图

要点分析 4

拒绝金叉

既然有“金叉”和“死叉”，当然也存在“拒绝死叉”和“拒绝金叉”。股票常常会在下跌的过程中出现回升，此时，MACD也会缓慢向上运行，而当DIFF即将自下向上与DEA相交组成金叉时，DIFF却拒绝交叉DEA，反身向下运行，这就是MACD拒绝金叉的情况（如图5-8）。拒绝金叉与拒绝死叉的表现完全相反，一旦拒绝金叉形成，投资者碰到后应当小心提防，没有把握不要进入，否则一旦股票大跌，很可能会被高位套牢。

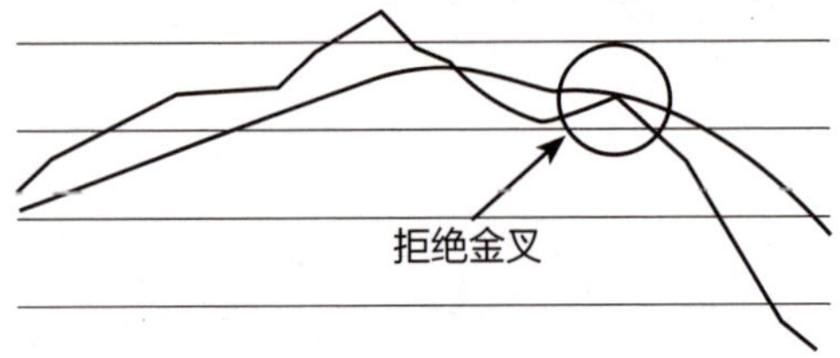

图5-8　拒绝金叉示意图

要点分析 5

空中加油

MACD指标里还有一种经典图形，叫作“空中加油”。“空中加油”是一种特殊的形式，它同样是由DIFF线和DEA线组成。DIFF线与DEA线在相交之后，主力会在其穿过0轴后，清理盘中的获利盘，股价也会因为主力清洗跟风的散户而下跌，DIFF线也会慢慢下降。洗盘毕竟是洗盘，主力必定会在洗盘结束后拉升股价，准备套现，这时DEA指标也会上升，当两种指标交叉时就形成了死叉。而在形成死叉后，由于DIFF指标在主力的手段下得到有力支撑，再次上升，并且与DEA线相交，又一次形成金叉，像这种金叉—死叉—金叉的形态，便是业界俗称的“空中加油”（如图5-9）。

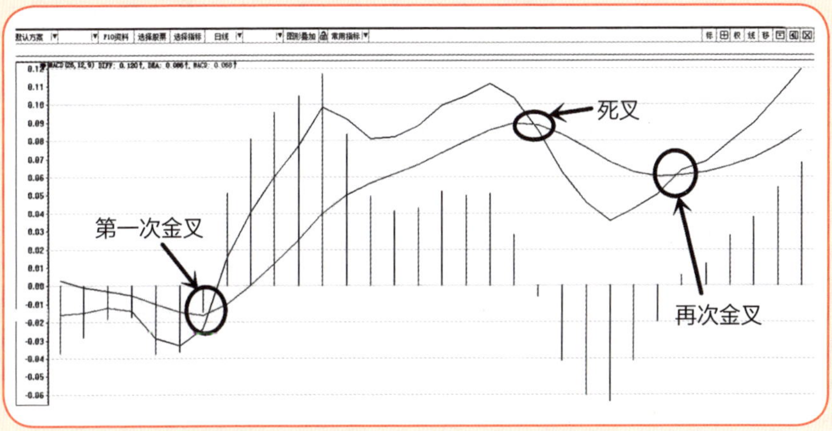

图5-9　“空中加油”示意图

当然，投资者不要一概而论，要灵活运用，第一次不仅可能出现金叉，还可能是拒绝死叉。在“空中加油”形态出现后，投资者们便可以较为放心地进场套利，因为在MACD指标中，出现“空中加油”往往预示着后市行情看好。

实盘解读 2

2014年12月16日，华夏银行（股票代码：600015）的MACD指标出现金叉，随后行情小幅度上升，直到12月23日出现死叉现象，收盘价掉到了5日均线之下。在短短两个交易日后，主力再次发力，行情再次出现金叉形态，“空中加油”形态已经完成，股价开始回升。中间虽有一次小幅度盘整阶段，但是不影响该股的整体上升趋势，直到2015年1月6日，股价攀升到13.8元，涨幅达到30.7%（如图5-10）。

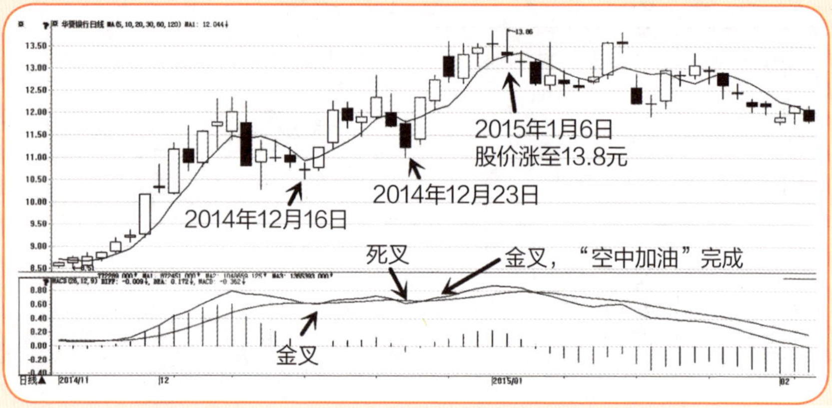

图5-10　2014年10月至2015年1月华夏银行K线图

要点分析 6

DIFF指标观察法

MACD指标，除了可以运用“拒绝死叉”“空中加油”等综合形态来判断股市走势，也可以通过DIFF等单项指标来进行判断，常见的就是DIFF指标观察法。

DIFF指标观察法，观察的就是DIFF指标与0轴的穿插关系，当股市经过了连续的下跌，即将转为上升趋势的时候，DIFF指标会由下而上穿越0轴。当DIFF上穿0轴的那一天，只要稍有经验，不论是散户还是主力，都会对此十分重视，由于这时候干扰因素还不是很多，此时是投资者的第一个买点。主力甚至会在它调回到5日平均线之前尽量低地多买进，必要的话还可能大幅补仓。

实盘解读 3

中直股份（股票代码：600038）在2014年11月27日MACD指标中，DIFF指标与DEA指标形成金叉。在此之后，股票走势大体为缓慢上升，这意味着投资者对该股应给予高度关注，不过由于DIFF指标还在0轴之下，所以也可以选择观望。到了12月3日，DIFF指标已经穿过0轴，保守的朋友也可选择介入。仅过了一个交易日后，该股收盘价已经站到5日均线之上，说明在多方的大举进攻下走势已经基本稳定，投资者可以放心入场。2014年12月8日，该股涨至46.16元，涨幅达到了24.5%（如图5-11）。

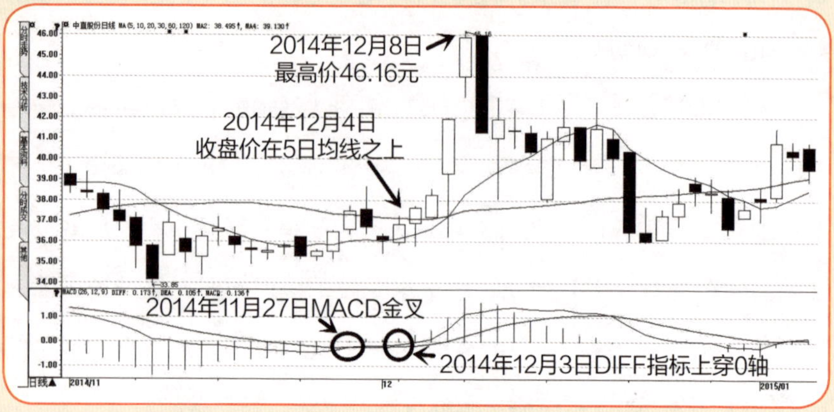

图5-11　2014年11月至2015年1月中直股份K线图

专家点评

MACD指标是在投资者分析股市涨跌时，普遍使用的一种分析工具，如能加以适当应用，会给股票投资带来难以估量的回报。

涨跌密码28 >>>
KDJ：中短线投资者的福音

揭秘涨跌

KDJ指标也是一种股市中常用的指标，又叫随机指标，最早应用在期货市场中，直到后来人们慢慢在股票市场中加以使用。利用KDJ指标判断股票的买卖信号也是比较准确的。KDJ指标是为了研究最高价、最低价与收盘价三者之间的关系而设计的，融合了各种理论知识以及MACD的一些优点。在股市中短期的分析当中，由于其快捷直观的特性，被广泛应用，是最常见的工具之一。

KDJ指标以最高价、最低价及收盘价为基本数据进行计算，得出的K值、D值和J值分别在指标的坐标上形成一个点，连接无数个这样的点位，就形成一个完整的、能反映价格波动趋势的KDJ指标。KDJ的计算方法较为复杂，投资者并不一定非得学会KDJ值的计算方法，只要熟练掌握KDJ指标的使用方法即可。具体使用方法可以参考下表。

KDJ指标注释表

指标代表字母	取值范围		代表结果	
K值	向上突破D指标	向下突破D指标	超买	超卖
D值	大于80	小于20	超买	超卖
J值	大于100	小于10	超买	超卖

KDJ指标并不是什么股市都可以运用的，因为其K指标和D指标必须发生在70以上和30以下才有意义，而且它并不适用于小盘股，所以在使用的时候一定要把握好实际情况，切勿胡乱使用。

使用技巧

1.当D值低于15时是买入信号，高于80则是卖出信号。

2.当K值大于D值时，股票正是上涨势态，在K线图上表现为K线向上穿过D线，此时为买入信号。

3.当K值小于D值时，股票正是下跌势态，在K线图上表现为K线向下穿过D线，此时为卖出信号。

4.在KDJ指标图形中，D线运行速度最慢，敏感度最低，然后是K线，运行速度最快也最敏感的是J线。

5.如果KD线交叉突破反复在50左右震荡，说明行情正在整理，此时要结合J值，观察KD两指标偏离的动态，再决定下一步的投资行动。

结合多年的股市历史，不难看出真正的牛市在确立之前都会出现下面这些共同点：

KDJ指标会在升入高位的过程中遭到庄家的大力打压，形成80以上的高位死叉，当走势重新被推升到高位的时候，又会在70附近形成高位金叉。如果KDJ指标随着股价上涨形成了80以上的钝化，那么指标就会横向发展，这种状况的维持会使股价持续上升。

要点分析

KDJ钝化

运用KDJ指标的精髓在于把握它的钝化现象。KDJ指标在80或者20附近横向发展并且反复形成金叉、死叉，这种形式就叫作KDJ的钝化现象。KDJ指标徘徊在20附近时，空方势头正猛，表面上看指标很低、很安全，实则股价非常容易形成持续下跌的态势。

实盘解读 1

如图5-12所示，2013年深天地A（股票代码：000023）在KDJ指标发生钝化的情况时，股价出现明显的下跌走势。

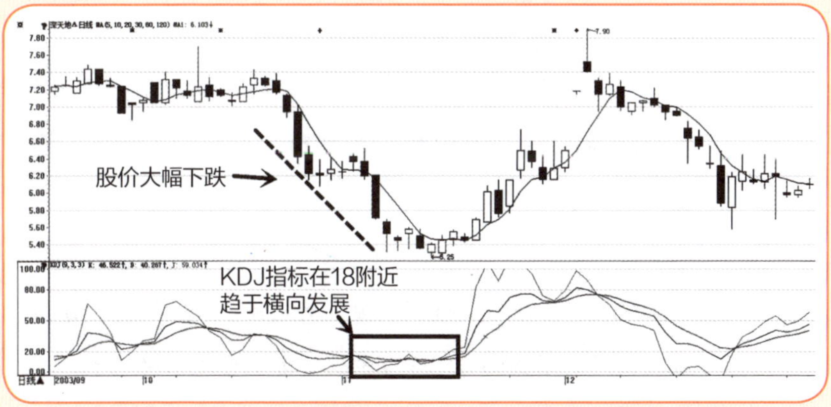

图5-12　2013年9月至2013年12月深天地A K线图

实盘解读 2

同样的道理，KDJ指标徘徊在80附近时，多方力量占据绝对优势，表面上看形势不好，实则非常容易形成单边上涨格局，如2014年的深圳能源（股票代码：000027）（如图5-13）。这就提醒投资者不能仅仅凭借KDJ指标就决定自己的投资方向，还应该结合成交量、MACD等指标进行综合比较。

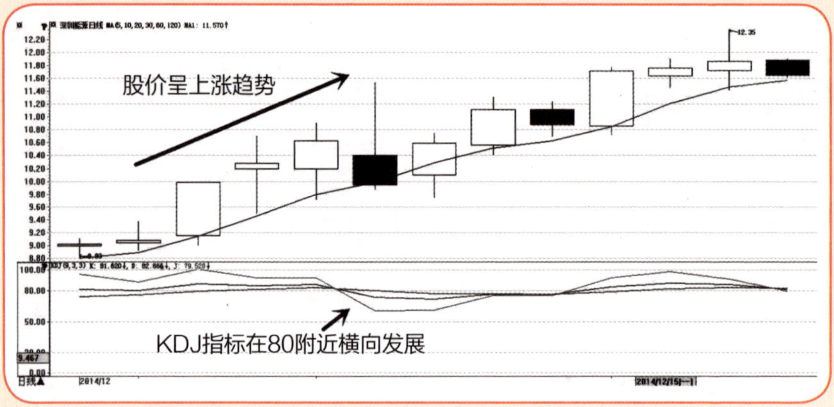

图5-13　2014年12月深圳能源K线图

专家点评

想要真正掌握KDJ指标的奥妙，就要同时对K、D、J线有充分的理解和认识。当然，完全掌握KDJ指标对于投资者来说是很难的事，但是朋友们可以先对其中的一项进行研究，先掌握一项，再慢慢延伸。熟练地掌握一门指标的用法，也一样可以帮助股民朋友们分析股市。

涨跌密码29 >>>
CCI：暴涨暴跌的准确分析工具

揭秘涨跌

CCI指标也叫顺势指标，在炒买炒卖的指标中也属于比较特殊的一种，它用于测量股价是否已超出常态分布范围，在正负无穷之间波动。它与MACD中的DIFF指标不同，CCI指标并不像DIFF指标一样以0为中轴线。

CCI指标在股市中的应用几乎没有局限性，由于其在正负无穷之间波动，所以不会出现指标钝化的现象，有了CCI指标，投资者就可以对那些短期内暴涨暴跌的不正常行情进行较为准确的判断。

使用技巧

1.当CCI曲线向上突破+100线而进入非常态区间时，表明股价开始进入强势状态，投资者应及时买入股票（如图5-14）。

2.当CCI曲线在+100线以上的非常态区间，在远离+100线的地方开始掉头向下时，表明股价的强势状态将难以维持，是比较强的股价转势信号。如果前期的短期涨幅过高，更可确认。此时，投资者应及时逢高卖出股票。

3.当CCI曲线向上突破+100线而进入非常态区间后，只要CCI曲线一直朝上运行，就表明股价强势依旧，投资者可一路持股待涨。

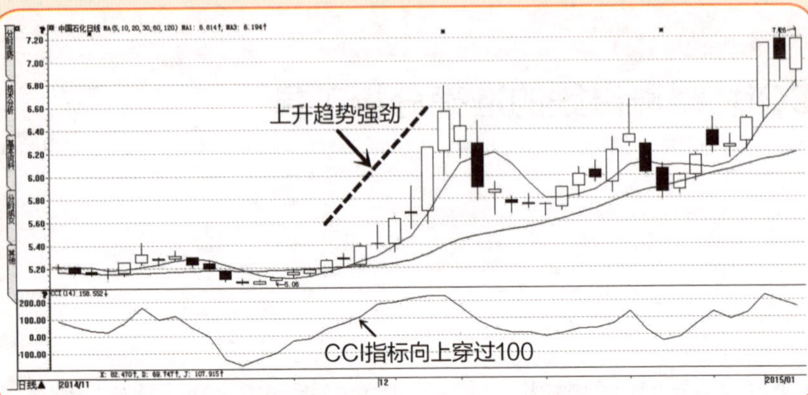

图5-14　CCI指标上突破+100示意图

4.股价的强势状态已经结束，投资者还应以逢高卖出股票为主。

5.当CCI曲线向下突破-100线而进入另一个非常态区间后，只要CCI曲线一路朝下运行，就表明股价弱势依旧，投资者可一路观望（如图5-15）。

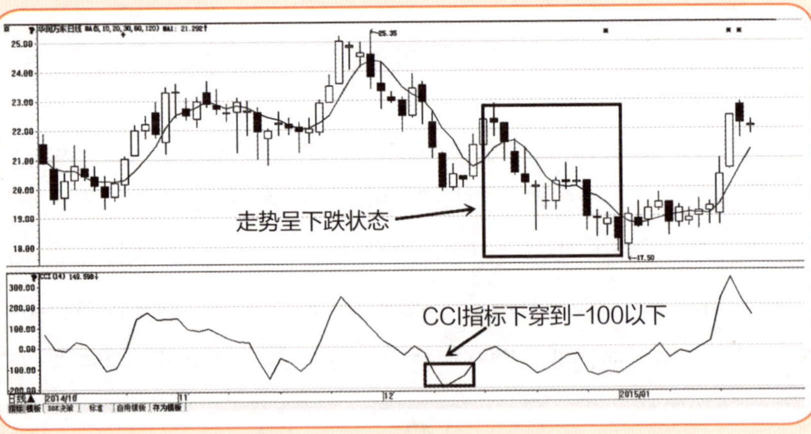

图5-15　CCI指标下穿-100示意图

6.当CCI曲线向下突破-100线而进入另一个非常态区间，如果CCI曲线在超卖区运行了相当长的一段时间后开始掉头向上，表明股价的短期底部初步找到，投资者可少量建仓。CCI曲线在超卖区运行的时间越长，越能准确判断短期底部。

7.当CCI指标在+100线至-100线的常态区间运行时，投资者则可配合使用KDJ等其他超买超卖指标进行研判。

8.当CCI指标在-220以下时，可以试探性介入，通过5日均线来考虑盈利机会，参考国药一致（股票代码：000028）2013年11月K线图，就可以通过CCI指标找到合适的抄底价格（如图5-16）。

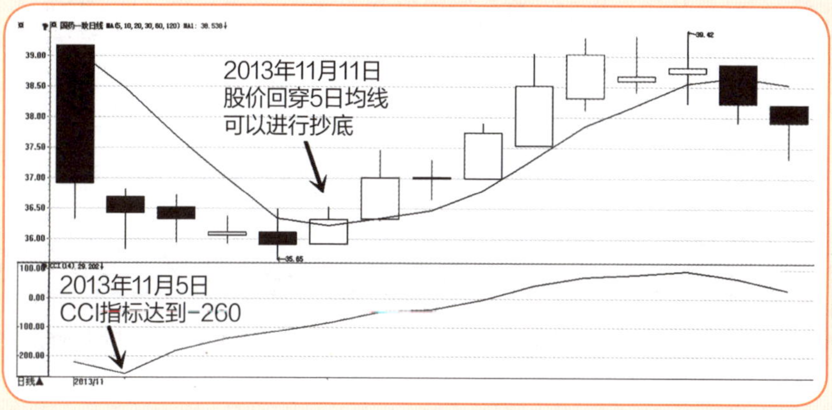

图5-16　2013年11月国药一致K线图

专家点评

实战中CCI指标可以同均线、MACD指标等结合起来使用，当均线、MACD指标均呈多头排列的时候，CCI出现超跌，随后往往会引发股价强烈反弹，投资者可以利用这种时机进行短线操作。

涨跌密码30 >>>

BOLL线：如何判断个股的强弱

揭秘涨跌

BOLL指标又叫作布林线指标，是一种非常简单、实用的分析手段。与其他技术分析指标通过数量构造的方法表现的相对独立不同，布林线指标与股价的形态和趋势联系紧密。

布林线的理论基础是认为各类市场间都是互动的，所有的变化都是相对而言的，无论是股价在上轨线还是下轨线之外，都只是相对而言，必须综合考虑各类数据，才能准确地判断。

BOLL指标在图形上画出三条线：上轨、中轨和下轨（如图5-17）。这三条轨道给整个区域分成了两个部分：强势区和弱势区。以中轨道为界限，上强下弱。由于上轨起到压力作用，也被称为压力线；下轨起到支撑作用，也被称为支撑线。判断介入时机也正是看股价多在强势区域运行还是多在弱势区域运行。

通过BOLL线指标，投资者能够很轻易地知道处于整盘的股市，什么时候会出现下一波行情，让投资者更合理地去利用手里的资金。

股价的变动常常会带动BOLL指标的带状通道变化，但是投资者可以通过观察BOLL指标开口的大小来选股，开口越小，股价的涨跌幅度越小，突破的力度越大。

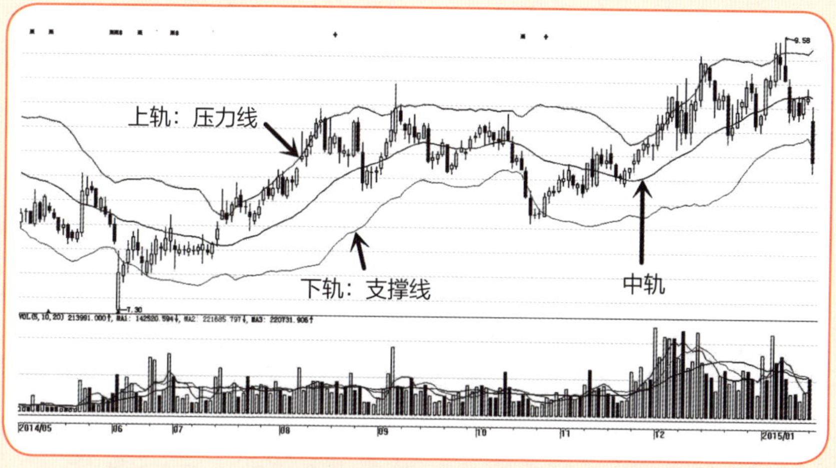

图5-17　布林线三轨示意图

使用技巧 1

利用BOLL指标选好个股后，投资者不要急于买进，而是应该继续深入观察。BOLL指标的特性限定了它只能预示是否会突破，却并不能表明突破方向，当股票向上突破的可能性较大时，会满足以下三个条件：

1.股价能在K线图中显示的支撑位上运行。

2.股票相关的上市公司基本面要良好，只有这样才能吸引较多的跟风盘。

3.股价最好要在底部位置，对高价位或正在大幅上升、下跌的股票要加倍小心。

实盘解读 1

哈高科（股票代码：600095）是一家从事高新技术产品开发、生产和销售的上市公司。在拥有良好基本面的基础上，该上市公司相关股票虽然于2014年6月19日触及相对低点，但是6月24日该股的BOLL指标开口呈现缩小状态，并且在随后的一段时期内，股价一直运行在支撑位之上。由此基本可以判定，该股后市走势应该是积极向上的。从图5-18中可以看到，综合各项数据分析出的结果与事实基本没有差异，该股在三个月内的涨幅就达到了62.7%。

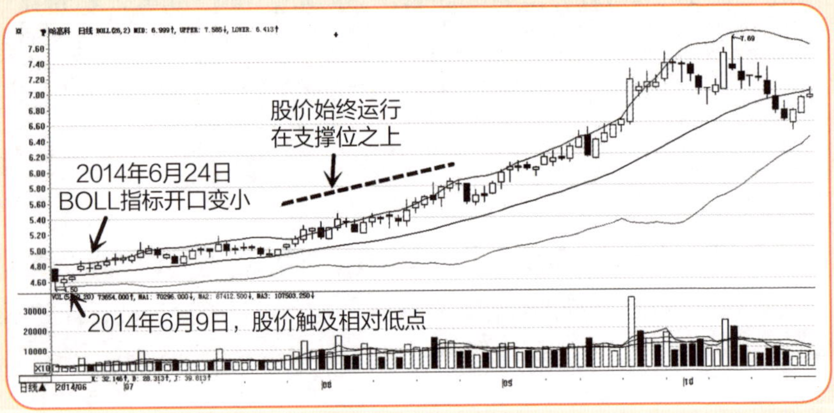

图5-18　2014年7月至2014年10月哈高科K线图

使用技巧 2

具体操作中有几个方面需要投资者注意：

1.当股价在中轨下方运行时，需要多加注意，危险系数比较大，尽可能在反抽中线的时候离场。

2.当后市会持续下跌时，BOLL指标表现为股价跌破下轨线，回抽中轨线时却不站回中轨线，此时应该选择果断卖出。

3.股价在中轨附近运行时，投资者可以放心观望，这时相对安全。

专家点评

其实无论是哪种分析工具，都只是给人们提供一个分析的依据，请新股民注意，尽量不要仅凭单项指标来进行判断，还是要综合多种指标以及实际情况来进行考虑、判断。时刻保持一个冷静的头脑对于股市而言是至关重要的，想要在股市中赚到钱，也一定要有果断的决心，该进的时候莫犹豫，该退的时候莫留恋。

第六章

解码量价：成交量与股价的不解之缘

快速导读

股市中有句话：有价必有量，量价必相当。量价是股市的基石，一旦出现量价背离，就意味着炒股机会或风险出现，这也是股民朋友们最关心的事情。太深奥的炒股理论，太复杂的炒股技术、数据，作为普通股民来说很难全盘掌握，而量价相对简单，却又有极高的准确率，一直以来受到众多股民的推崇。

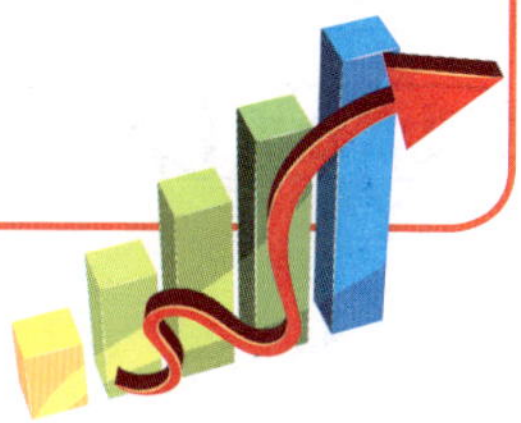

涨跌密码31 >>>

成交量：拉动股市行情的关键杠杆

揭秘涨跌

成交量是指一个单位时间内某项股票交易成交的数量。成交量可以被当作拉动整个股市行情的关键杠杆，因为股票市场的实质就是多空双方力量相互碰撞、较量的结果，也就是买卖双方相互作用的产物。

在技术分析中，唯一可以单独使用的指标就是成交量。除了成交量以外，任何指标都需要其他数据的辅助才能对股价进行比较系统、完整的分析。所以投资者如果能真正地了解成交量，也就了解了市场；把握了成交量，也就把握了获利的时机。

要点分析 1

堆量

通常一个庄家想要拉升股价的时候，会把成交量做得非常好看，几天或者几周，成交量呈缓慢放大的趋势，股价随之慢慢升高，成交量在近期的K线图上形成了一个类似土堆的形态。

实盘解读 1

新国都（股票代码：300130）在2014年4月3日至9日就出现了成交量缓慢放大，并且股价随之慢慢升高的“堆量”形态（如图6-1）。

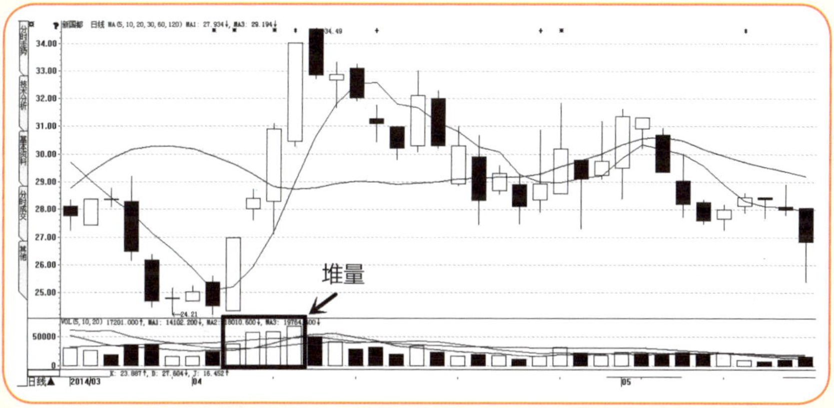

图6-1 2014年3月至2014年5月新国都K线图

一般来说，成交量被做得越漂亮，产生大行情的可能性就越大。相反，如果堆量出现在高位，那么就表明庄家已经获利颇丰，打算出货了，如果投资者遇到这种情况要果断离场，不要再抱有获利的幻想。

要点分析 2

缩量

缩量是指市场成交非常冷清，大部分人对市场后期的走势不尽相同。这之中又产生了两种可能：一是市场投资者都不看好后市，形成了一种只有人卖，却没有人买的急剧缩量；二是市场投资者对后市都十分看好，形成了只有人买，却没有人卖的情况，成交量自然也会急剧萎缩。

实盘解读 2

青松股份（股票代码：300132）自2014年10月16日起就开始了连续阴跌，期间虽有一次收小阳线，但却是杯水车薪，依旧无法阻拦其下跌趋势，这时成交量也开始急剧萎缩，形成了比较明显的缩量（如图6-2）。

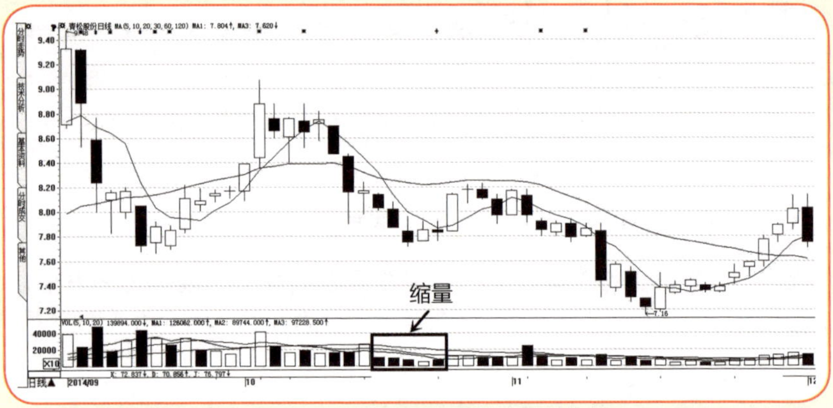

图6-2　2014年9月至11月青松股份K线图

缩量一般发生在趋势的中期，大部分投资者都对后市走势十分看好时，遇到下跌缩量，就应该坚决观望，当放大量上攻时再果断买进。同样，如果遇到的是上涨缩量，就应该果断买进，等待股价上冲势头变弱、有巨量放出的时候卖出，及时获利了结。

要点分析 3

放量

放量一般发生在市场趋势发生转变的转折处，市场各方对后市分歧逐渐变大，一些人看空后市、纷纷卖出的时候，也有一些人看好后市、纷纷买进。

实盘解读 3

2014年12月23日，信维通信（股票代码：300136）收大阴线，各方力量分歧也就此开始。12月25日各方力量交碰达到白热化，成交放出巨量（如图6-3）。

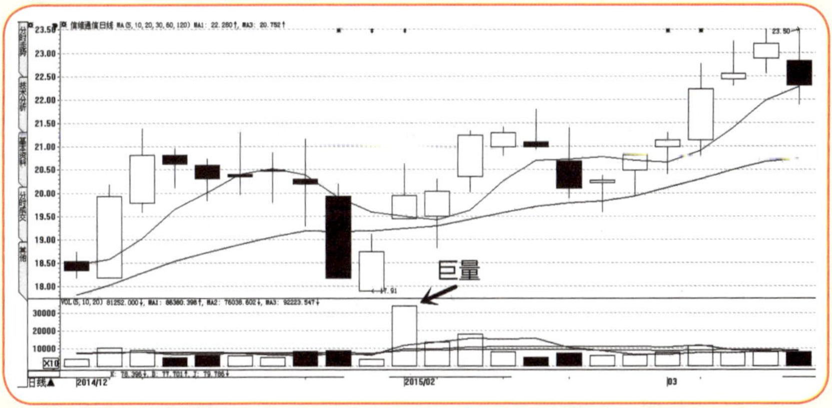

图6-3 2014年12月至2015年2月信维通信K线图

相对于缩量来说，放量掺杂着很大的虚假成分，空方主力利用手中的筹码大笔对倒制造出巨量，是一件非常容易办到的事。尤其是间歇性放量对投资者来说是非常危险的信号。所谓的间歇性放量就是指成交量虽然出现过明显的放大，但持续时间较短，次数却较多。一般这种情况是由于庄家对倒所导致，其真正的目的就是为了吸引市场目光，骗散户进场，最终达到出货的目的。

实盘解读 4

2014年7月14日至8月1日，和顺电气（股票代码：300141）出现了三次放出巨量的情况，并且每次放出巨量持续的时间都极短，间歇时间也不长，呈现出明显的间歇性（如图6-4）。

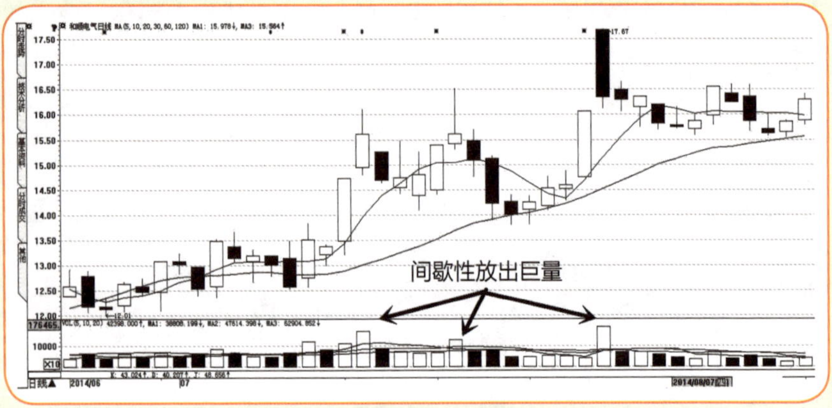

图6-4　2014年6月至8月和顺电气K线图

专家点评

股市中最理想的成交量形态是温和、持续地放大，量价配合默契。如果成交量出现间歇性放大或者缩放反差过大时，投资者一定要保持高度警惕，坚决观望。

总之，成交量只是影响市场的几个关键要素之一，市场是一个由多部分组合而成的整体，投资者绝不能把它拆解成一个一个的部分，之后单独去观察，犯盲人摸象的错误。

涨跌密码32 >>>

换手率：股价变化风向标

揭秘涨跌

换手率的市场意义是个股的可流通股有多少参与了一个时间段内的买卖交易，并且以比例的数值表示出来。比值越高，换手率就越大，说明交易越活跃、人气越旺。反之，则说明交投清淡，持币观望者居多。

将换手率与股价的走势结合起来看，可以推测一定的未来走势：换手率突然增加，成交量放大，很可能意味着投资者在大量买进，股价可能会随之上涨。如果是一只个股持续上涨了一段时间，换手率又突然上升，则意味着一些获利者可能要套现离场，股价很可能会下跌。

要点分析 1

观望换手率

如果换手率低于1%，那么就说明这只个股的市场交易情况非常冷清，很难判断未来的涨跌趋势，投资者最好不要介入其中，出场观望为好。通常来说，这样的情况一般都发生在筑底或者下跌末期的阶段，很少会在顶部发生。

实盘解读 1

东信和平（股票代码：002017）于2014年5月16日凭借着4连收阴的走势，“强势”下跌至最低位，这样的走势注定了其冷清的人气。从图6-5中可以看到，5月16日该股换手率仅为0.98%，可见其“凄惨”程度。

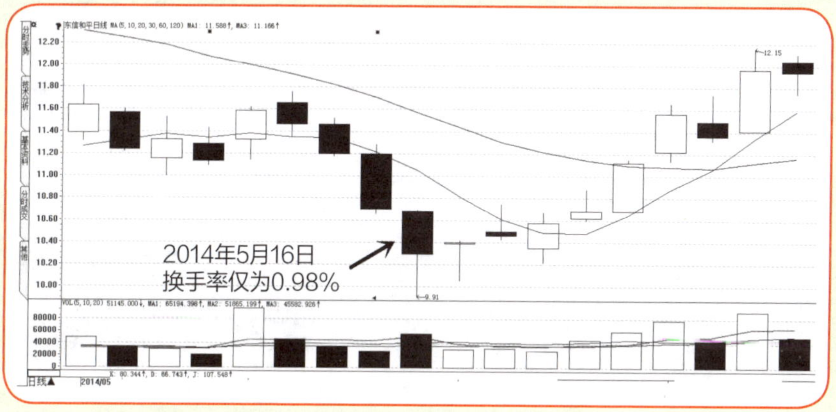

图6-5　2014年5月东信和平K线图

要点分析 2

加速换手率

如果日换手率在1%~10%，往往表明该股的市场交易比较活跃、买卖盘都比较积极，原本的趋势得以加速发展。如果这种情况发生在上涨初期，投资者应该立即买进；如果发生在下跌趋势中，那么投资者应该选择迅速逃离。

实盘解读 2

2014年11月16日，盾安环境（股票代码：002011）以一根长阳线走出了底部区域，并且日换手率仅为6.6%。从后市走势中就可以看出，如果投资者在此时买进，一定能将整段上涨行情揽入怀中（如图6-6）。

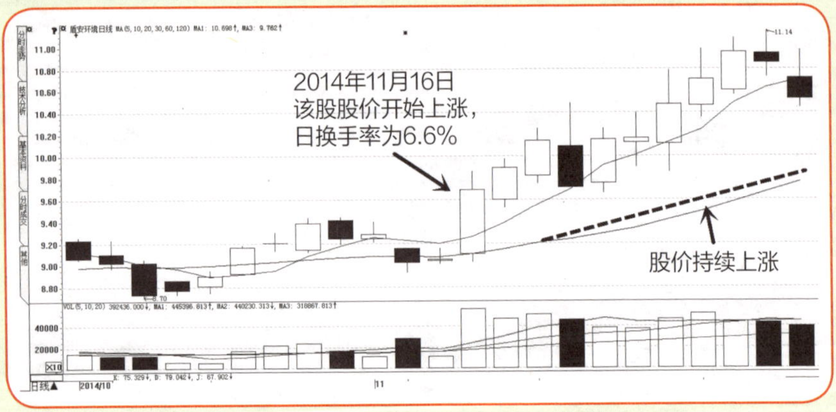

图6-6　2014年10月至11月盾安环境K线图

要点分析 3

高换手率

如果一只个股的日换手率达到10%或者更高，那么就表明市场异常火爆，人气极度狂热或者悲观，行情即将发生逆转。

一旦出现了高换手率，首先要考虑高换手率出现的相对位置。如果是此前的成交量一直是在低迷后出现放量，并且较高的换手率还能持续几个交易日，那么就很可能是有新增资金介入。此时的高换手率比较可信，后市一般会被看好；如果个股是在高位出现高换手率，并且成交量突然放大，一般后市下跌的可能性比较大。这类个股一般多伴有利好出台，获利盘会借机套现离场，顺利完成派发，投资者应该谨慎对待。

实盘解读 3

2014年12月1日至3日，恒华科技（股票代码：300365）的换手率达到34%，并且放出巨量。以此可以推断，该股获利盘很有可能在借机套现，准备离场。投资者如果持有该股应该选择果断套现离场。图6-7中该股后市走势更是印证了这种判断。

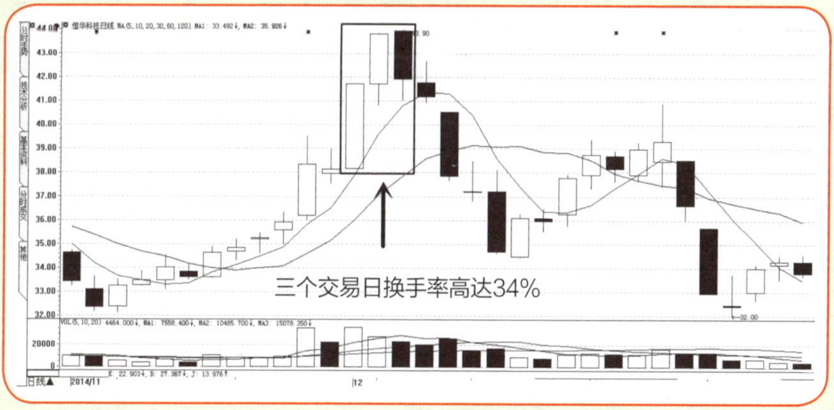

图6-7　2014年11月至12月恒华科技K线图

专家点评

实际上，无论换手率是高还是低，只要前期的累积增幅过大都应该谨慎对待。综合近几年的股市数据来看，当日换手率超过10%时，个股进入调整期的可能性较大，尤其是连续数个交易日换手率都达到7%以上时，投资者更要加倍小心。

涨跌密码33 >>>

天量背后的个股动态

揭秘涨跌

股价持续上涨较长的一段时间之后，成交十分活跃，利好消息不断，市场人气火爆。此时股价的大幅上涨会引发理性投资者的大规模恐慌性抛售和获利回吐成交量出现急剧放大的现象，股价随后也会大幅回落，这时的巨大成交量就被形象地称作“天量”。

一般来说，成交量出现历史新高之后往往接踵而来的就是股票的反转走势，因为市场要对非理性的股价做出一定的修正。因此，出现天量之后，往往也是长线投资者的出局之时。

对于投资者来说，怎样才能判断现在的成交量是否是天量呢？如果观察以往的数据，自然很容易就能找到天量，但在股市实战操作中，及时地判断成交量是否属于天量就不是一件非常容易的事情了。

要点分析

通过对股市历史的分析和总结，可以观察出一些天量出现时所具备的条件：

1.成交量活跃度非常大，换手率保持在10%以上。

2.市场人气火爆，利好消息遍布。

3.天量出现之前股价已经连续上涨，并且上涨的幅度非常大，股价已经攀升到一个高位。

4.股价进入疯狂上涨的末期，在连续的大幅上涨之后显现上升乏力的态势。

实盘解读 1

2013年2月5日，大同煤业（股票代码：601001）在经过了一波上涨行情后，成交量出现“擎天柱”一般的态势，并且换手率达到了11.4%，无疑天量已经出现（如图6-8）。从该股K线图上也可以看到，在一路攀升后，该股明显后劲不足，出现天价、天量时已经是强弩之末。如果投资者此时持有该股，那么后市一定会让你追悔莫及。

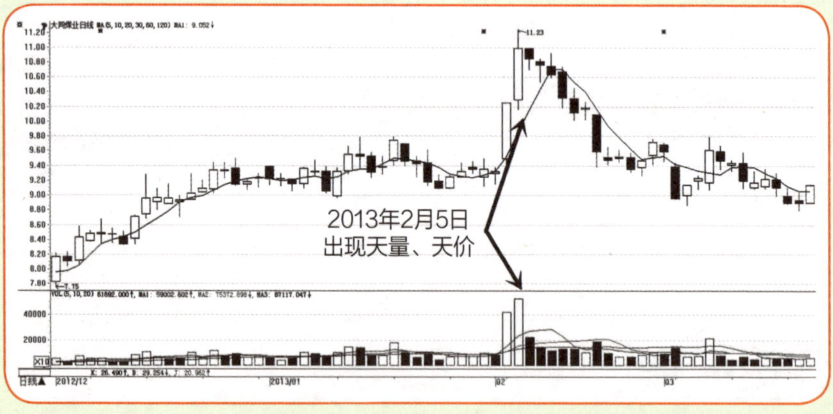

图6-8 2013年1月至2013年3月大同煤业K线图

一旦个股出现天量，那么它离见顶也就不远了。此时，中长线投资者就应该及时地抛出持股，逃离“案发”现场。

相对来说，出现天量时是短线高手博取利益的好时机。因为在这个阶段，股价由于上冲的惯性还会持续一段上涨态势，抛出过早不利于将自己的利润最大化，短线投资者可以在第一次出现巨大成交量的时候，抛出手中的部分持股，当股价继续上涨、创造天量时再抛出剩余持股。这样不但可以将自己的利益最大化，还能最大化地降低操作失误为自己带来的损失。

专家点评

这里要提醒投资者，在进行这种投机操作时，一定要设立好止损位，并且在天量内博取利益必须具备足够的市场经验，而且必须保持与市场的密切联系，否则，最好不要在天量出现时尝试追高，避免因操作失误为自己带来巨大损失。

涨跌密码34 >>>

地量背后的个股动态

揭秘涨跌

当股价下跌一段时间后，市场人气十分冷清，利空传闻仍然不断传出。这时的股价下跌幅度已经非常大了，大部分投资者都将持股抛出，只剩下极少数“忠实粉丝”，股票的抛售压力越来越小，同时买盘也几乎消磨殆尽，这样就会导致成交量逐步萎缩。此时严重萎缩的成交量就被形象地称为“地量”。

由于成交量的极度萎缩，股价也会呈现出“地价”，虽然地量、地价并不是十分乐观的现状，但是地量也是原始空头市场的结束标志之一，其后市不一定就不乐观。

投资者应该注意，“地量”只是一个相对概念，是相对于大盘处于高位的天量而言。那么对投资者来说，应该如何判断是不是地量呢?一个比较简单的判断标准就是：底部的成交量要缩至底部最高成交量的20%以内。如果成交量大于这个比例，就说明股价还有下跌的空间。

实盘解读

2012年12月4日，硅宝科技（股票代码：300019）的股价创出新低，并且成交量极度萎缩，出现地量地价的形态。通常情况下，这种形态的出现往往意味着行情的反转，其后市K线走势也恰恰印证了这一点（如图6-9）。

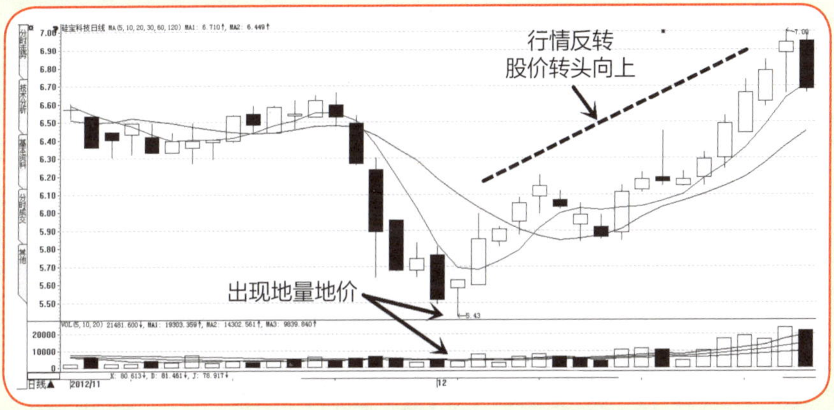

图6-9　2014年12月至2015年1月硅宝科技K线图

使用技巧

通常投资者在分析地量时可以结合以下两个因素：

1.结合市场趋势对地量进行分析

当市场的整体趋势积极向上时出现地量，投资者可以选择在股价上涨并温和放量的时候介入；当市场的整体趋势偏于疲软时，即使出现了地量，也要结合实际情况谨慎分析，因为在疲软行情中，往往下跌的空间较大，地量之下还有地量。

2.根据个股的实际情况对地量进行判断

投资者在选股时，一定不能放弃对个股的分析，主要是分析其出现地量的原因，针对不同的原因，制定不同的投资策略。

专家点评

地量作为成交量指标的一种表现形式，存在欺骗性的可能较低，对投资者的操作具有较高的实战指导价值，因而授之以“最有价值的技术形态”桂冠，实为众望所归，其真实性及实用性是其他技术指标望尘莫及的。

涨跌密码35 >>>
庄家操盘不同阶段的量价变化

揭秘涨跌

庄家跟散户一样，都是通过买卖差价来赚取利益，不同的是，庄家可以高度控盘，从而左右股票的走势和价格，而散户则只能被动等待股价的变化。

通常庄家运作一只个股都要经过建仓、拉升、洗盘、出货这四个步骤，才能完成一次大笔资金的运作。在股价非常容易被大笔资金影响的情况下，成交量就好比散户手中的利刃，只要能够运用好，就能识破庄家设计的假象，发现其真实意图。

要点分析 1

建仓

判断庄家是不是在建仓，应该重点关注成交量的变化，量价关系的一般规律也是量在先、价在后。庄家在建仓时，为了能够不被投资者察觉，通常动作都会比较隐蔽、成交量的变化也不会十分明显。但是，股价上涨成交量放大，股价下跌成交量萎缩，是庄家建仓阶段成交量变化的主旋律，或者成交量在底部区域有明显的持续放大现象，也是庄家建仓的比较明显的特征。

实盘解读 1

沃森生物（股票代码：300142）在2013年11月至2014年1月，就出现了成交量在底部逐渐放大、股价缓慢攀升的现象，这种悄无声息的举动很难引起投资者的注意，但事实上这种现象很有可能是由庄家悄悄吸筹建仓造成的（如图6-10）。

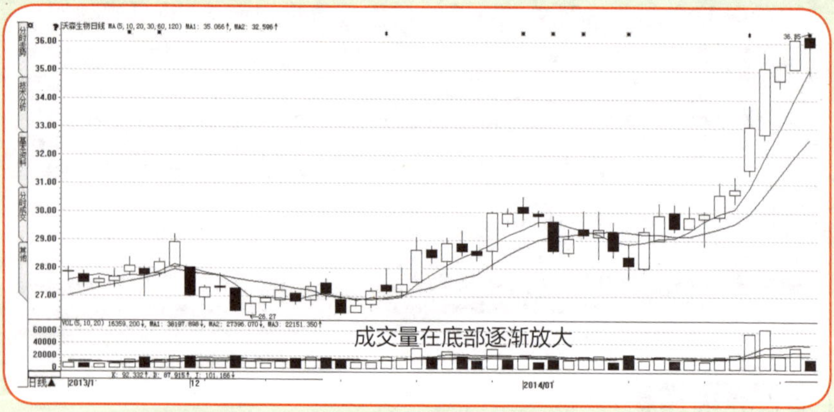

图6-10　2013年11月至2014年2月沃森生物K线图

要点分析 2

拉升

庄家拉升股价期间，最大的特征就是成交量稳定放大、股价持续攀升，形成比较稳固的价涨量升的格局，制造诱人的陷阱。一般在这个阶段，移动平均线都会处于完全的多头排列状态，或者即将进入完全的多头排列状态，阳线出现的次数要多于阴线出现的次数。庄家拉升阶段的中后期的上涨幅度也会越来越大，上升角度越来越陡峭，成交量越来越大。此时，如果个股在经历了一段上涨行情之后，在高位出现了成交量递减状态，一般有两种情况：一是庄家即将出货；二是股价在高位横盘整理，随后拉高出货。

实盘解读 2

燃控科技（股票代码：300152）在2013年9月至11月，股价先小幅增长，随后涨幅越来越大，同时成交量也在逐步放大，庄家拉升股价的现象比较明显（如图6-11）。

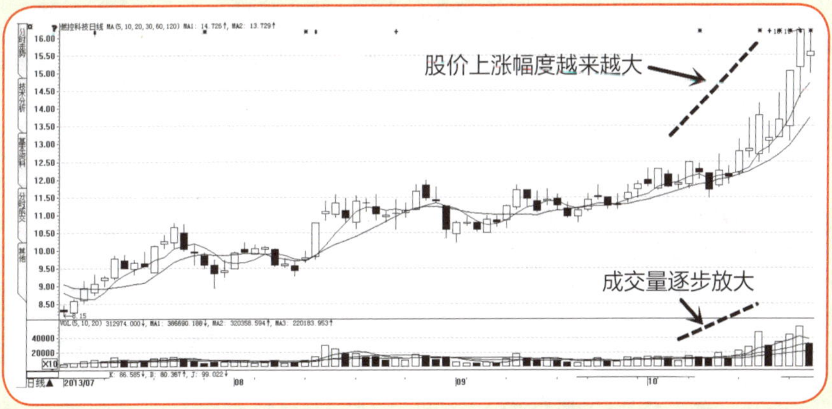

图6-11　2013年7月至12月燃控科技K线图

要点分析 3

洗盘

首先，由于庄家的积极介入，原本处于低迷态势的股价在成交量明显放大的助力下变得活跃起来，出现了价涨量增的态势。随后庄家为了减少拉升时的阻力，会将一些不坚定的短线获利盘洗出局，这一动作通常会在K线图上形成阴阳相间的横盘震荡格局。

其次，在庄家洗盘的阶段，K线组合往往会大阴不断，并且次数多，每次收阴的同时还会伴随巨大的成交量，造成一种它在出货的假象，但是投资者仔细观察就能发现，当出现巨量大阴线的时候，股价很少会跌破短期的移动平均线。

最后，庄家在洗盘的时候，作为研判成交量变化的重要指标OBV、均量线也会出现一些明显的特征，其主要表现为：出现巨量大阴线时，股价的5日、10日均线始终保持上行的态势。另外，OBV指标在股价高位震荡期间，始终保持向上，即便回落也会被瞬间拉起，这说明单从量能的角度来看，股价已经具备了大幅上涨的条件。

实盘解读 3

2014年1月至4月，力源信息（股票代码：300184）的K线图出现了巨量大阴线，并且其OBV指标虽有过下跌，但是又在第一时间被迅速拉起，股价虽然一直在波动，但是重心一直在上移。综合其各项特征分析，不难看出庄家洗盘的意图和行动（如图6-12）。

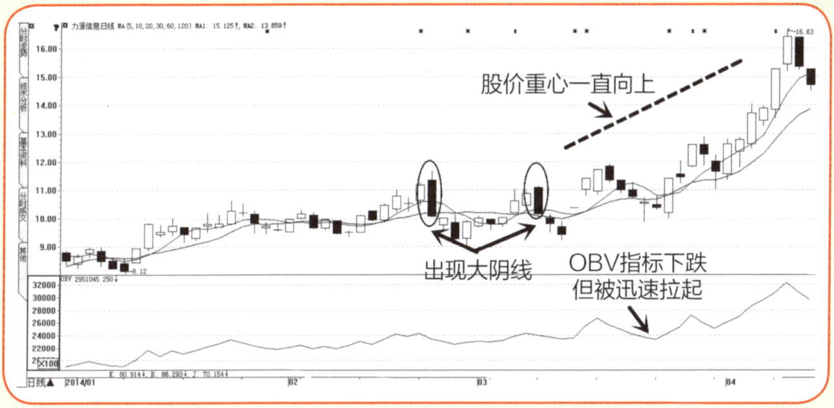

图6-12　2013年10月至2014年4月力源信息K线图

要点分析 4

出货

在庄家出货的阶段，股价已经开始远离底部，庄家一般都会不断利用对倒成交量来制造人气旺盛的假象，以便诱导散户在高位买进。通常这样的举动会在K线图上形成放量滞涨、高位来回大幅震荡的态势，成交量呈现不规则放大、萎缩的特征。

实盘解读 4

上海新阳（股票代码：300236）在经过一段上涨行情后，在2013年12月3日出现了放量滞涨的态势，并且随后的成交量变化杂乱无章，时而放大，时而萎缩，庄家出货特征比较明显。投资者如果遇到这样的个股，一定不要被一时的贪欲驱使，跳入庄家设置的陷阱中（如图6-13）。

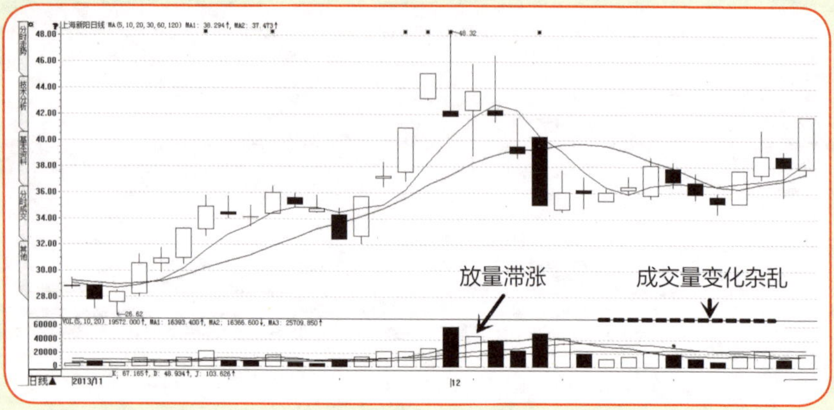

图6-13　2013年11月至2014年2月上海新阳K线图

专家点评

成交量出现不同的特征，所含的意义也不同。投资者应该尝试捕捉市场中成交量的变化，以便能够从股市中获得更多的利益。

第七章

解码买卖点：破解股市异动中的涨跌玄机

快速导读

在股市中没有绝对会赚钱的股票，也没有绝对会赔钱的股票。从一定意义上来说，一只股票能否为自己带来收益，完全取决于你能否正确解读出其中的异动，掌握涨跌的玄机，寻找到合适的买卖点。

涨跌密码36 >>>

股票下跌时，选好卖点一样赚钱

揭秘涨跌

在股票投资的过程中，股民经常遇到手中持有的股票在经过一段时间的下跌后，忽然大幅低开，甚至是一开盘就跌停的情况。当这种情况发生时，很多股民都因担心股价还会继续大幅下跌而抛出所持股票，但卖出之后却发现，成交量逐渐放大，股价非但不跌反而还收出了一根阳线。

通常出现这种情况的原因有两个：一是主力在盘中故意对倒；二是盘中出现了恐慌性抛盘。在遇到这种情况时，过于惊慌只会让自己更被动。其实在逆境中，往往会孕育出一些机遇，而只有冷静、果断的人才能把握住这种机遇。

实盘解读 1

自2014年2月17日以来，华泰证券（股票代码：601688）就走出了一波连续下跌的行情。经过半个月左右的下跌后，于2014年3月20日收出长阴线。很多手持该股的股民在看到这种行情后都会选择把手中的筹码卖出，以免因股价再次大幅下跌而蒙受更大的损失。但股价却在第二个交易日被突然拉起，并收出长阳线，这说明下档的接盘非常有力，股价将会迎来一次反弹行情。此时，冒险型的投资者可以在收盘前几分钟观察K线，如果发现能够收出长阳线，那么不妨直接接入；而稳健型的投资者可以在第二个交易日选择买进（如图7-1）。

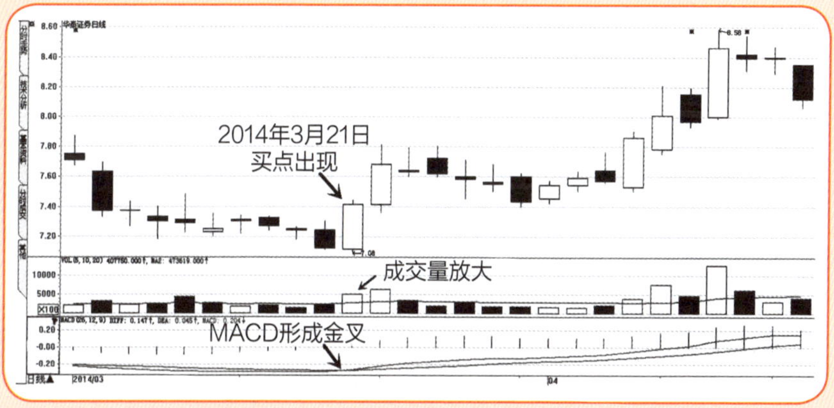

图7-1　2014年3月华泰证券K线图

实盘解读 2

在股价长期下跌的情况下，除了低开收长阳以外，如果在底部收出一根长长的光头光脚长阳线，也是投资者快速套利的买点所在。例如华谊嘉信（股票代码：300071）在经过了一段下跌行情之后，于2013年11月14日收出一根光头光脚长阳线，并且成交量放大，如果投资者能在11月14日买入，就能够吃上一段涨幅为35%左右的上涨行情（如图7-2）。

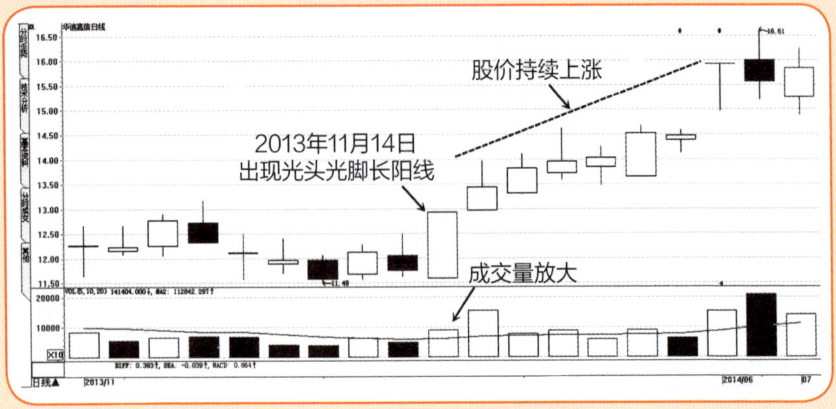

图7-2　2013年11月华谊嘉信K线图

专家点评

当股价在经过一段时间的下跌后，如果在低位收出一根放量长阳线或者一根放量的光头光脚长阳线，那么投资者可以选择积极介入，这里需要注意的是，当出现这种情况时，一般逆转行情不会持续太久，所以建议投资者进行短线操作。

涨跌密码37 >>>
股票上涨时，会找最佳买点才能赚钱

揭秘涨跌

如果一只股票下跌到了一个相对较低的位置，那么投资者很容易在相对底部找到一个合适的切入点，可是如果股票处于一直上涨的态势时，如何找到一个合适买点，既能让自己有利可图，又不会被套在高位呢?

要点分析 1

并排阳线

并排阳线就是指股价在持续的上涨过程中，在某个交易日突然跳空出现一根阳线，并且在第二个交易日又出现一根几乎与其并排的阳线（如图7-3）。

如果投资者在观察一只股票的K线图时，发现在其上涨的过程中出现并列阳线，那么就需要给予更多的重视；如果第三个交易日股价开盘时处于高开态势的话，则可以选择积极介入，因为后市很有可能出现大行情；如果股价在第三个交易日震荡收阴的话，那么在股价回落到10日平均线附近受到支持时，就可以选择买入了。

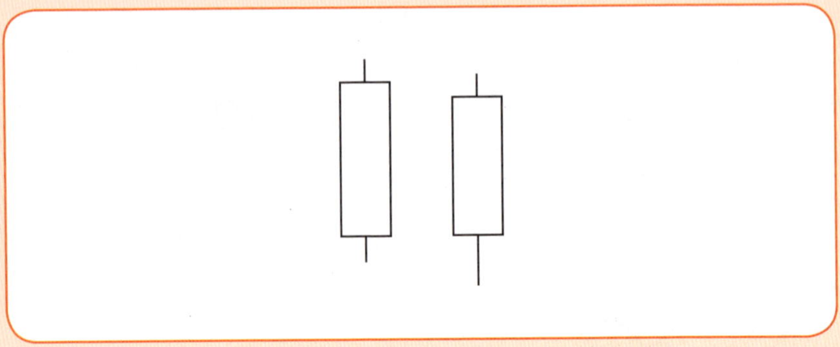

图7-3　并排阳线示意图

实盘解读 1

2015年2月10日，建新股份（股票代码：300107）就出现了并排阳线，即买进信号。从该股的K线图中可以看出，如果在出现并排阳线时积极买进，那么就能吃进一段不小的上涨行情（如图7-4）。

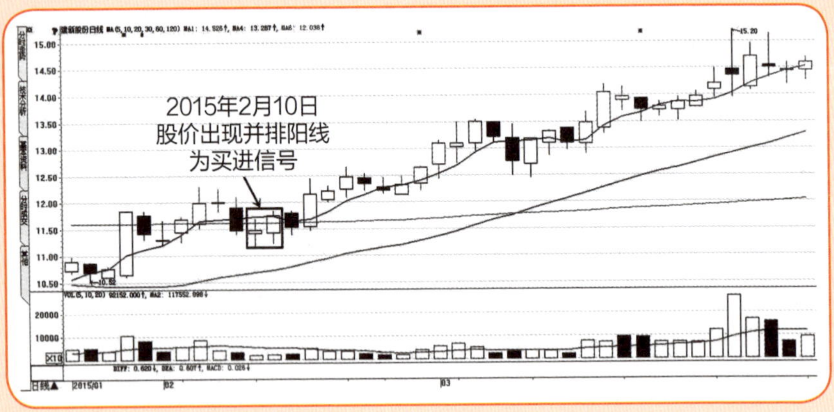

图7-4　2015年1月至3月建新股份K线图

要点分析 2

三阴接一阳

如果一只股票在持续一段上涨态势后，连续收出三个阴线，随后又收出一根长阳线，那么投资者所期待的逢低吸进的好时机到了。如果第四个交易日出现的阳线超过了第一个交易日的开盘价，就说明多方力量强于空方，投资者可以积极介入进行短线操作，耐心等待股价再度上涨（如图7-5）。

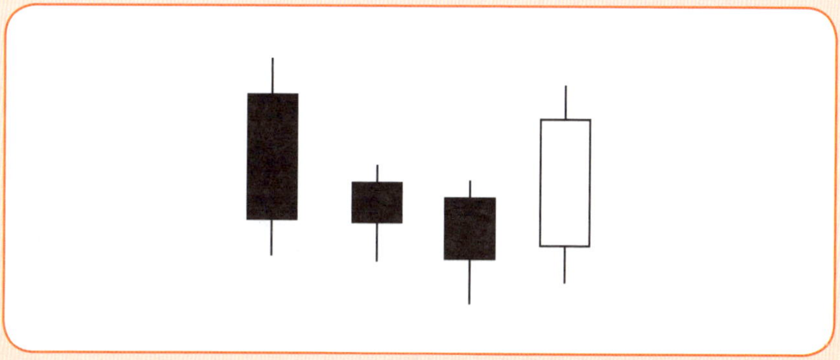

图7-5　三阴接一阳示意图

实盘解读 2

2014年8月29日，经纬电材（股票代码：300120）出现“三阴接一阳”的形态，这意味着在该股上涨的过程中，最佳买点出现。投资者如果发现个股在上涨过程中出现该形态，可以选择积极介入（如图7-6）。

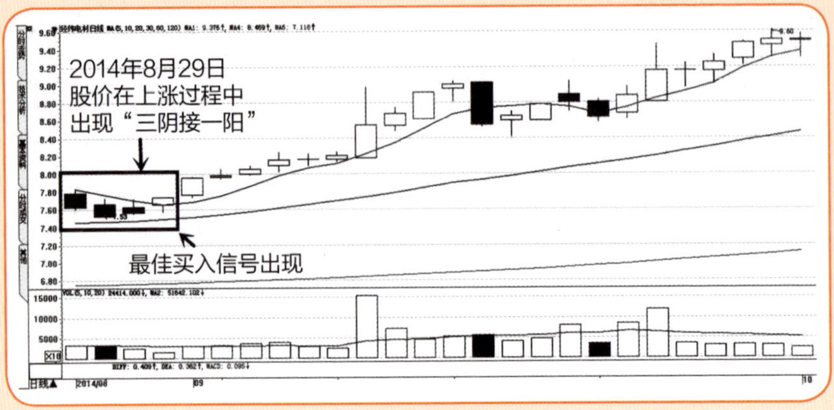

图7-6　2014年8月至9月经纬电材K线图

要点分析 3

回落洗盘后出现覆盖线

如果股价在上涨的过程中出现回落洗盘的走势，那么投资者就需要注意，在回落洗盘后如果个股出现了连续上涨，并且很快收出一根长阳线，这根长阳线几乎能把前面回落的阴线全部覆盖，就可以判定这是出现了回落洗盘后的覆盖线，投资者这时应该积极买进（如图7-7）。

实盘解读 3

银河磁体（股票代码：300127）在上涨的过程中出现小幅回落，经过两天的洗盘之后，股价连续三天收出阳线，并且第三根阳线将之前的阴线全部覆盖，形成覆盖线，这也是比较典型的买入信号（如图7-8）。

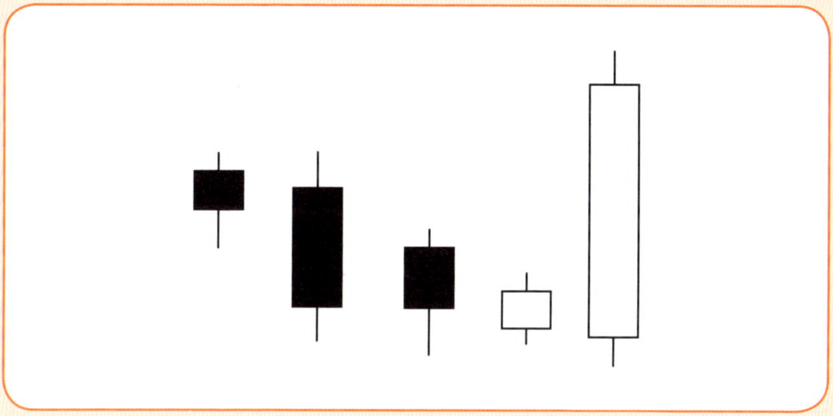

图7-7　回落洗盘后出现覆盖线示意图

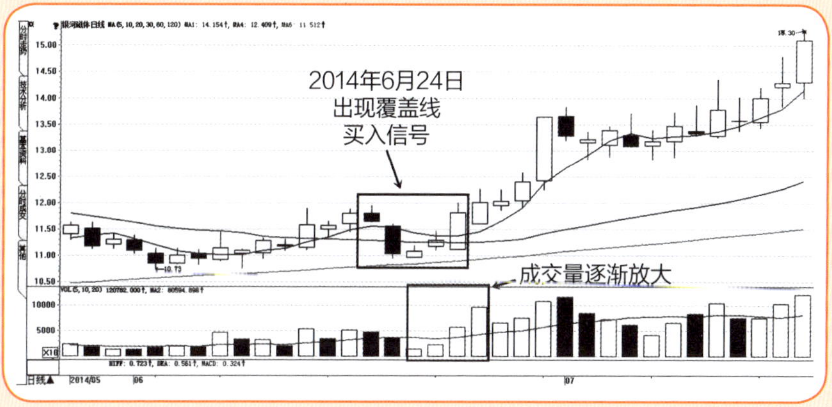

图7-8　2014年5月至7月银河磁体K线图

专家点评

股价在出现并列阳线、三阴接一阳、覆盖线时都是短线操作的最佳买点，在上涨的过程中如果投资者能够熟练地掌握最佳买点的选取方法，那么就能在股市投资中获得一笔丰厚的利润。

涨跌密码38 >>>

横盘最佳买点的选取方法

揭秘涨跌

横盘是指股价在一段时间内小幅波动，并没有明显的上涨或者下跌的趋势，通常这种阶段行情震荡幅度比较小，发展方向也不容易把握，因此，盘整期间也是投资者最容易感到迷惑的时候。

对于投资者来说，应该如何在横盘期间寻找合适的买点呢？下面介绍几种横盘期间选择买点的方法。

要点分析 1

股价在低位横盘时，出现放量冲高后回档

股价在低位出现持续一段横盘走势后，突然出现放量上涨，突破上面的技术压力面。股价放量冲高，这说明庄家已经开始进场；随后股价出现回档，这可能是庄家在洗盘的征兆。如果一只股票在经历了一段时间的下跌后出现了这样的走势，投资者千万不要被庄家的洗盘手法吓到，在股价回档到技术支撑位后得到有效支撑，就可以选择果断介入（如图7-9）。

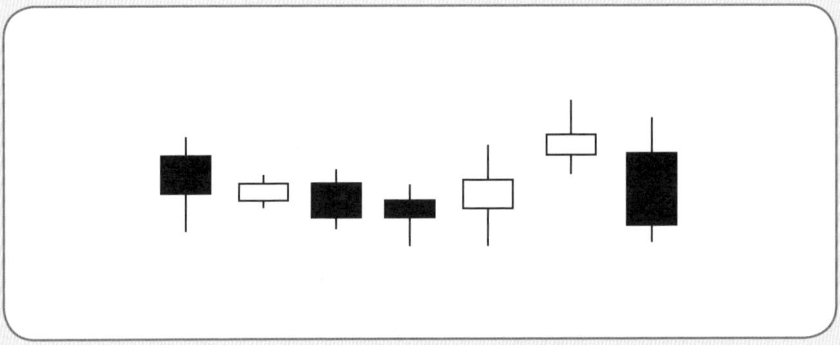

图7-9　低位横盘后冲高回档示意图

实盘解读 1

2014年3月10日，河北宣工（股票代码：000923）在经过一段时间的横盘整理后，冲高回落至20日均线附近，并受到20日均线支撑，买入信号出现（如图7-10）。

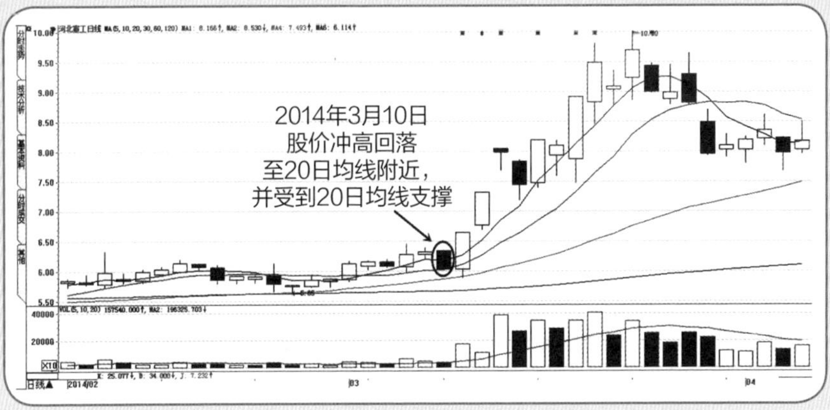

图7-10　2014年2月至4月河北宣工K线图

要点分析 2

横盘突破

横盘突破就是指股价在一个台阶进入横盘整理后，再上升到另一个台阶。一旦出现这种走势，往往股价后续还会有一定的上涨空间。在横盘的过程中，股价会在技术线周围来回震荡，如果出现再次放量向上突破横盘平台时，就是介入的绝佳时机（如图7-11）。

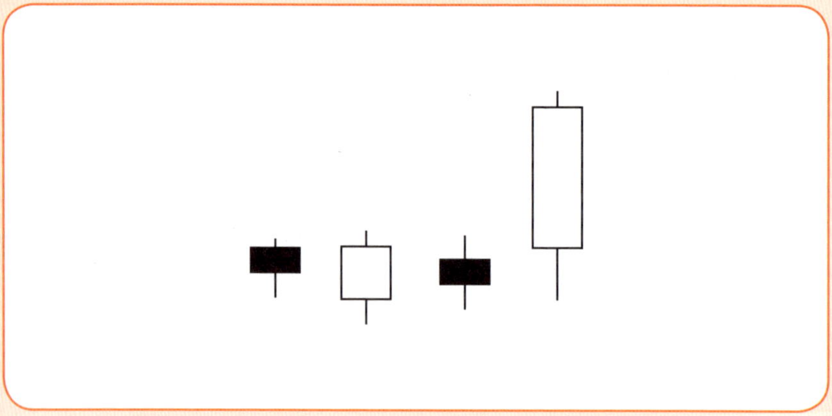

图7-11 横盘突破示意图

实盘解读 2

福星股份（股票代码：000926）在2014年11月24日出现横盘突破并放出巨量的现象，这时正是投资者的最佳买入时机。另外，此时均线呈多头排列，进一步印证了横盘突破的买进信号（如图7-12）。

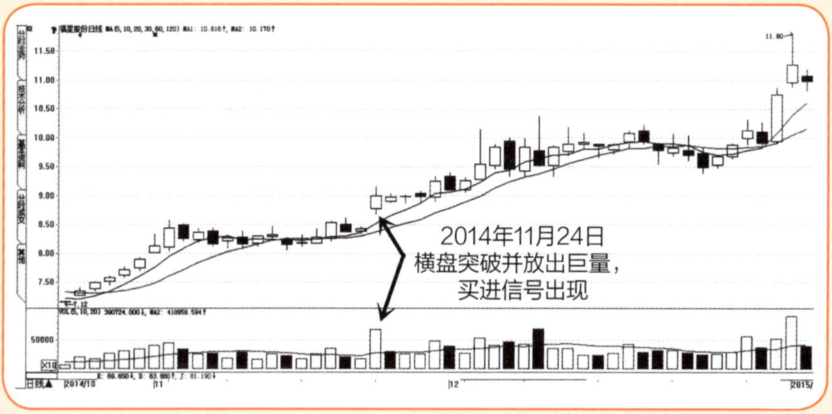

图7-12　2014年10月至12月福星股份K线图

专家点评

股价在横盘期间波动幅度比较小，没有非常明显的上涨或者下跌，是投资者最容易被迷惑的时候。因此，投资者可以重点把握横盘买进时机的技巧，以便能够先人一步发现套利机会。

涨跌密码39 >>>

股价在到达高位后的卖点选取

揭秘涨跌

在股市投资的过程中，不管所处的行情是牛市还是熊市，投资者只会买不会卖是赚不到钱的。尤其是在手中持股一路高涨的时候，卖点的选择更为重要，很多散户就是因为不会在高位选择卖点，被贪欲蒙蔽了双眼，才会出现在高位被套牢，将到手的利润又双手献出的现象。那么究竟应该如何在高位选择合适的卖点呢？

要点分析 1

大阳生小阳

如果股价在经历了一段上涨行情后，在第二个交易日出现一根小阳线，并且完全被前一个交易日的大阳线遮盖住，这就说明多方的力量已经消耗殆尽，下跌的行情就要到来，投资者应该果断地卖出手中持股（如图7-13）。

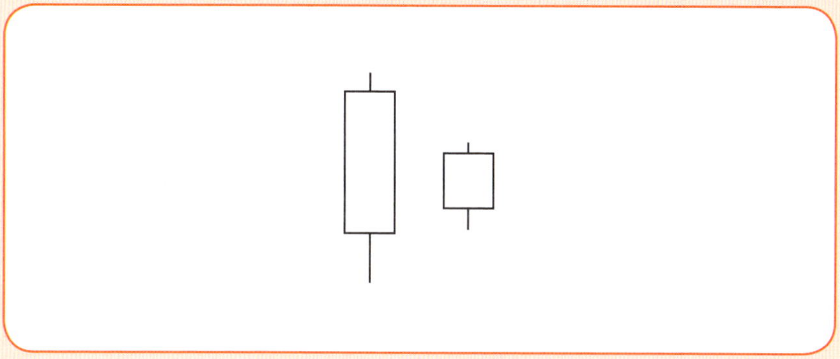

图7-13　大阳生小阳示意图

实盘解读 1

2014年9月26日大庆华科（股票代码：000985）出现了一根大阳线完全遮盖住后一个交易日小阳线的现象。如果投资者在发现个股出现这种大阳生小阳的态势时，应该果断卖出手中持股（如图7-14）。

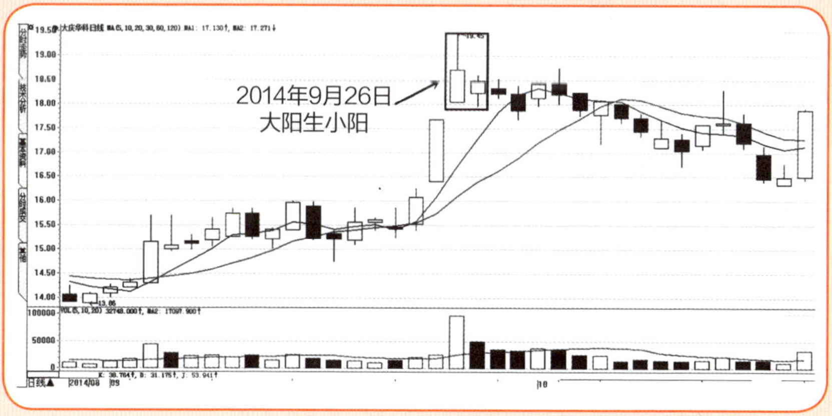

图7-14　2014年9月至10月大庆华科K线图

要点分析 2

连续跳空高开后收阴线

在某只股票连续出现跳空阳线后，如果随之出现的是阴线的话，投资者就可以选择获利了结了，以免股价出现回档，面临被套牢的风险（如图7-15）。

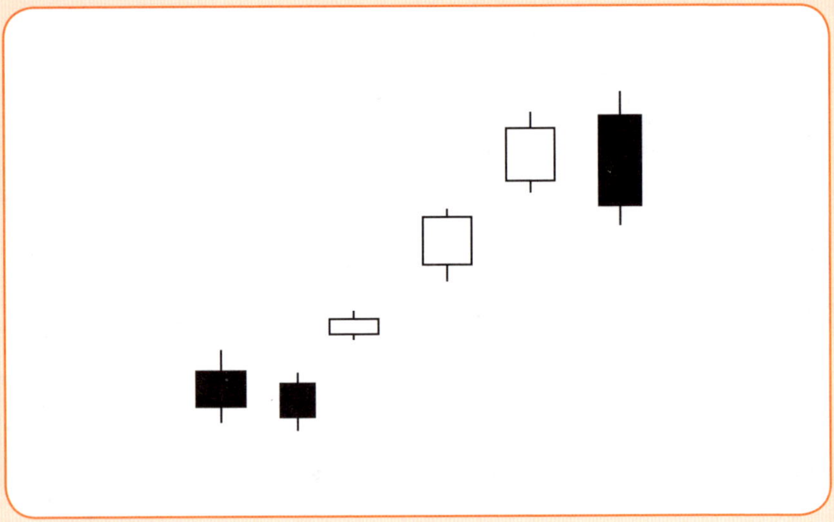

图7-15　连续跳空阳线后收阴示意图

实盘解读 2

在2013年4月8日至6月20日，长信科技（股票代码：300088）经过连续跳空高开后，于6月20日收出一根阴线。这一根阴线正是出逃信号，从该股后市的走势也可以看出，在这根阴线之后就是下跌的漫漫长途（如图7-16）。

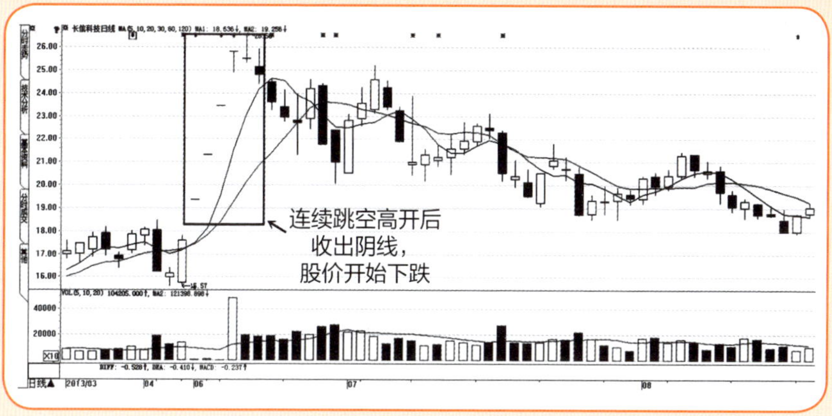

图7-16　2013年3月至8月长信科技K线图

要点分析 3

大阴盖阳

大阴盖阳是指第二个交易日的大阴线完全覆盖前一个交易日的阳线。如果股价已经持续上涨了一段时间，隔日的股价仍然是高开，随后由于买盘不愿意追高，股价开始向下滑落，收盘价下跌到前一日阳线之内，收为一根大阴线，这是在超买之后形成的卖压涌现，获利盘大肆抛出造成的现象。出现这种走势时，预示着行情将要下跌，投资者应该选择果断抛出筹码，落袋为安（如图7-17）。

实盘解读 3

华伍股份（股票代码：300095）在经过一段上涨行情之后，于2014年9月29日出现一根大阴线，完全覆盖了前一个交易日的阳线，形成了大阴盖阳的形态。如果投资者没有把握住这次卖出时机，而且还在做着股价继续上涨的美梦，那么接下来所要承受的就是将赚来的利润再拱手让出的痛苦（如图7-18）。

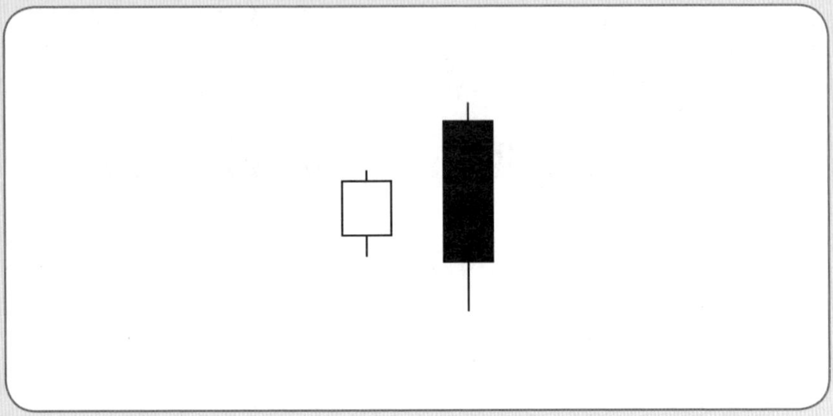

图7-17　大阴盖阳示意图

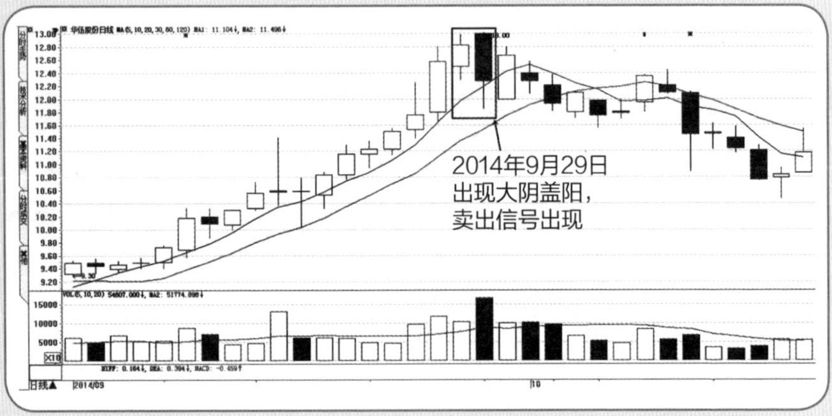

图7-18　2014年9月至10月华伍股份K线图

专家点评

股市中有一句老话："会买是徒弟，会卖才是师傅。"如果投资者只会买不会卖，那么就只能做到账面上的盈利。只有学会了找到最好的卖出时机，才能真正做到炒股赚钱。

涨跌密码40 >>>

在股价与日平均线中寻找最佳买点

揭秘涨跌

在个股的分时走势图中，有股价和日平均线两条线，投资者在观察分时走势图时，通过解读股价和日平均线的位置关系也可以寻找到当日的最佳买点。

要点分析 1

股价在日平均线以下运行并且远离日平均线

如果股价在日平均线以下运行，并且股价远离日平均价格，一旦股价掉头向上，那么此时就是投资者快速套利的最佳买点。

实盘解读 1

网宿科技（股票代码：300017）自2015年3月30日10点44分起，股价就一直在日平均线之下运行，直至13点56分，股价转头直上，最佳买点出现，随后该股股价成功突破日平均线，最终在日平均线之上收盘（如图7-19）。

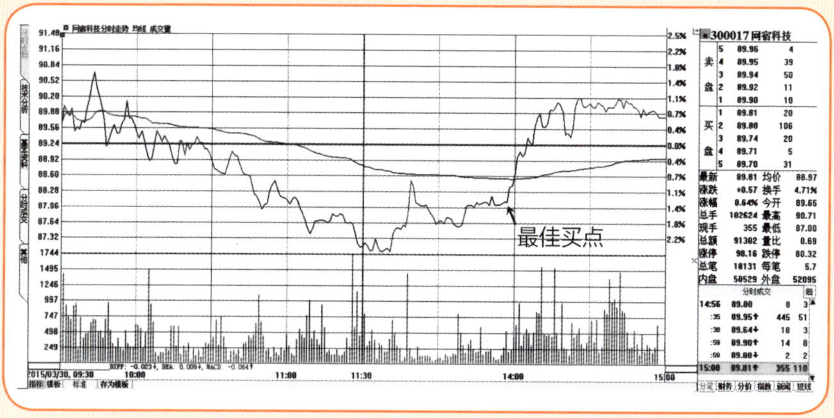

图7-19　2015年3月30日网宿科技分时走势图

要点分析 2

股价在日平均线以上运行

如果在大盘趋于平稳时，分时走势图上个股的股价运行在日平均线之上，并且日平均线也在平稳向上运行，那么每次股价回落到日平均线的支撑点附近时，都是投资者绝佳的介入时机。投资者在遇到这种情况时，应该把握好机会，大胆入场套利。

实盘解读 2

2015年3月30日，大禹节水（股票代码：300021）股价基本上全天都运行在日平均线之上，并且股价日平均线也隐隐有向上运行的态势，在这种走势下，每一次股价回落都是一次介入的绝佳时机，如此多的机会如果投资者都没有把握住，那么就只能眼睁睁地看着他人赚钱了（如图7-20）。

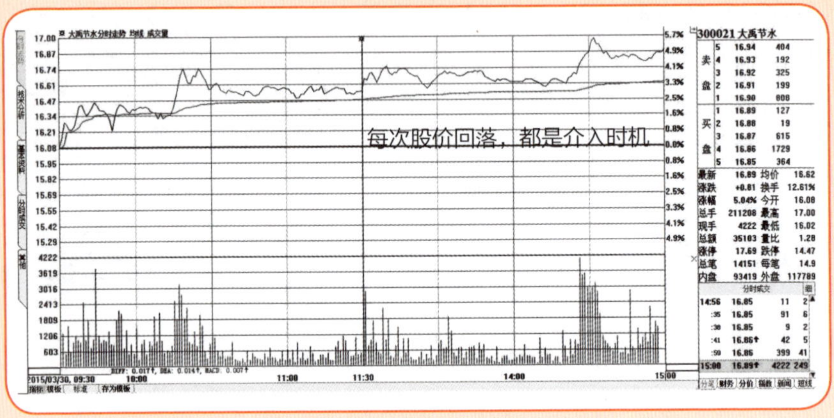

图7-20　2015年3月30日大禹节水分时走势图

要点分析 2

股价在日平均线以下平稳移动

如果股价是在日平均线之下运行，并且当日平均线的走势相对平稳，当该股从平均线之下掉头向上之时，就是投资者介入的最佳时机，因为这是说明多方已经开始发动攻势。

在这种走势下，投资者必须时刻关注大盘的情况。如果大盘运行比较稳定，或处于上涨的态势，那么投资者就可以放心地入场操作；如果大盘不断下跌，那么投资者就应该选择持币观望，不要轻举妄动。

实盘解读 3

宝利沥青（股票代码：300135）2015年3月30日的股价一直在日平均线附近徘徊，日平均线的运行轨迹也比较稳定。但是到了13点42分，股价突然转头向上，到了13点56分，股价成功突破日平均线，投资者所期待的最佳买点出现（如图7-21）。

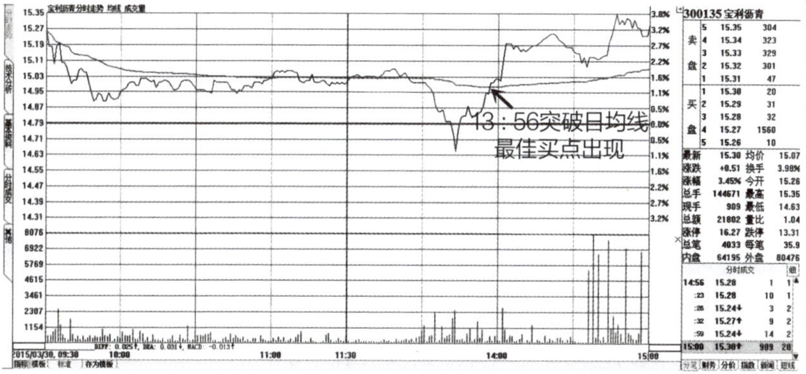

图7-21 2015年3月30日宝利沥青分时走势图

专家点评

投资者需要注意的是，以上三种情况都需要与大盘的走势相结合，同时也要注意个股的股价位置，如果大盘走势平稳或者上涨势头猛烈，而个股也不是历史高点，那么投资者可以择机介入，进行短线操作，快进快出。

涨跌密码41 >>>

分时走势图里的涨跌玄机

揭秘涨跌

相对于K线图来说，分时走势图比各种指标、图形要更加直观。在分时走势图上，蓝色曲线代表着个股的分时成交价格，粉色曲线代表着个股的平均价格（以白黑配色方案为例），而粉色柱状线表示每分钟的成交量，图像组成简单、清晰。那么，投资者应该怎样通过分时走势图来寻找最佳的卖点，从而快速套利呢?

要点分析 1

股价上涨之后形成双顶形态

当一只股票上涨到一定的价格后，股价冲高后回落，之后再次向上冲高至第一次的高点时又开始下跌，这一个过程就完成了一次双顶形态的走势。如果出现这种走势，就说明股价处于偏弱的势态，投资者应该选择在第二次向上冲高后回落时，果断将手中的筹码卖出。

实盘解读 1

会稽山（股票代码：601579）于2015年3月31日11点02分大幅冲高，冲高期间走势角度几乎为90度，但后劲明显不足，股价很快回落。11点05分股价在回落后再度冲高，并且达到几乎与前一次高点相同的位置，随后又开始回落，此时该股构造出了一次双顶形态，卖点已经出现（如图7-22）。

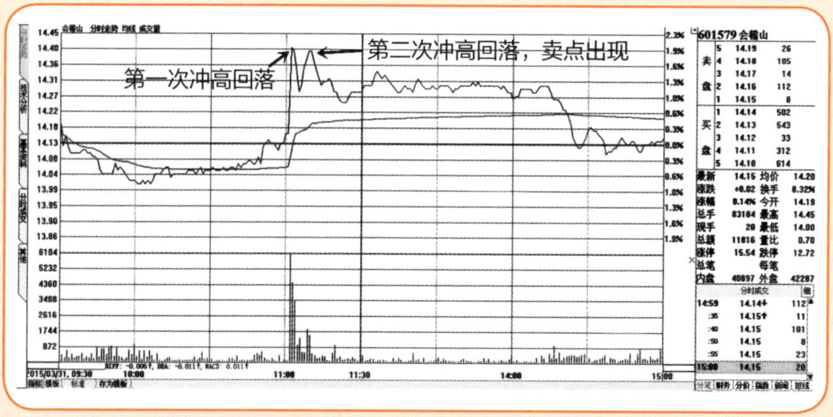

图7-22　2015年3月31日会稽山分时走势图

要点分析 2

股价快速上冲远离日均线

如果股价在开盘后快速上冲远离日均线，往往在上冲一段距离后，股价都会回落，如果投资者手中正好持有该股，那么就可以抓住这个机会，进行一次“T+0”回转交易。

延伸阅读

中国现行的股票交易制度为“T+1”，“T”指交易登记日，“T+1”指登记日的次日。也就是说投资者当天买入的股票不能在当天卖出，需待第二天进行交割过户后方可卖出；投资者当天卖出的股票，其资金需等到第二天才能提出。这种制度在一定程度上遏制了股市中的过度投机行为，为股市健康发展奠定了基础。

“T+0”回转交易是由“T+1”交易制度衍生出的一种套利方法，即在持有一只股票的前提下，在股价快速上涨到某一个高价位时卖出，然后等待股价回落后掉头向上时再次买进，这样就能在继续持有该股的前提下，赚取一次差价；或是在拥有某只股票的前提下，首先在一个低位进行补仓，随后再寻找一个合适的高位卖出之前持有的部分，从中赚取差价。

但投资者需要注意的是，如果股价是在已经经历大幅上涨之后出现这样的情况，那么就极有可能是庄家在故意拉升股价，以便能够顺利出货，此时投资者需要提高警惕，谨慎制订计划，如果股价走势并不是十分强劲的话，就不要贸然行动。

实盘解读 2

拓普集团（股票代码：601689）在2015年3月31日开盘后不久开始冲高，一路上冲至23.40元高位后回落，此时如果投资者选择采用“T+0”回转交易的方法，那么就可以果断卖出。随后在同一个交易日的10点16分以及11点20分，股价均下跌到了一个相对较低的位置，如果投资者还想继续持有该股，就可以选择在这两个时间点买进，这样仅仅在3月31日当天，就可以通过这种操作方式赚到一笔差价，扩大自己的盈利（如图7-23）。

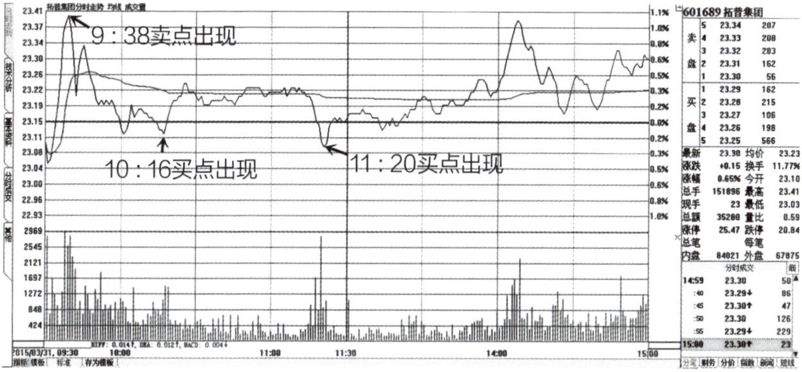

图7-23　2015年3月31日拓普集团分时走势图

专家点评

如果股价开盘后快速上冲并且远离日均线，投资者可以选择积极卖出，进行一次短线操作，从中赚取差价；如果股价在运行的过程中出现了双顶形态，就说明股价走势已经开始减弱，应该及时卖出手中持股，以免造成损失。

涨跌密码42 >>>

高开高走与低开高走

揭秘涨跌

高开高走与低开高走是股市中非常容易见到的股价走势形态，但在这种常见的走势中，其实也蕴藏着股市涨跌的密码。为了能帮助投资者在股市中更好地决策，下面就为投资者详细地讲解在高开高走与低开高走的走势中如何选取合适的买卖点。

要点分析 1

高开高走

所谓的高开高走，就是指一只股票开盘时的价格比前一个交易日的收盘价高，并且开盘后股价继续走高的情况。个股高开高走说明盘中的多方力量比较强大，上升势头强劲。如果股价在回落的时候没有跌破开盘价，或者在前一个交易日的收盘价附近徘徊，那么投资者就可以在股价再一次向上运行并且突破当天第一波高点的时候积极买进。

投资者需要注意的是，如果这种走势出现在个股已经经历过一波大行情之后，特别是在历史新高点时，就要提高警惕了，这时进场的风险非常大，因为这极有可能是庄家故意在诱多出货。

实盘解读 1

出版传媒（股票代码：601999）在2015年3月31日高开小幅冲高后，经过一段时间的横盘整理，于9点51分开始回落，但是此次回落没有持续多久，股价就继续上涨，这时也是投资者买入的最佳时机。从该股后市的走势也可以看到，虽然在当日临近尾盘时有小幅的调整，但总体一直保持着上涨的态势（如图7-24）。

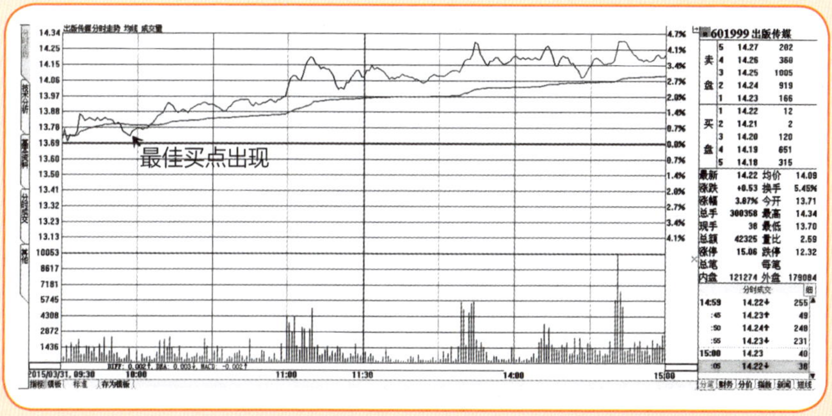

图7-24　2015年3月31日出版传媒分时走势图

要点分析 2

低开高走

所谓的低开高走，就是指股价开盘时的价格低于前一个交易日的收盘价格，并且在开盘后股价开始走高，在盘中回落时也没有跌破开盘价。投资者遇到这种低开高走的情况时需要注意观察，如果股价能够放量上涨，突破前一天的收盘价格，那么就可以进行一次短线操作。

通常情况下，这种低开高走的格局都源于庄家的洗盘动作，大部分投资者看到股价低开后，会自然而然地认为股价的后市会继续下跌，于是选择了平仓。但是出局后发现，股价非但没有下跌，反而还在上涨。所以当投资者遇到这样的情况时，一定要保持谨慎，不要轻易选择进场操作，因为除了上述原因外，庄家也会为了便于自己出货而营造这种假象，使一些自以为聪明的投资者落入陷阱。

实盘解读 2

诺力股份（股票代码：603611）在2015年3月31日以低于前一个交易日的价格开盘，形成了低开的态势。在开盘迅速冲高后，于9点58分回落至一个相对较低的价位，但是并没有跌破当日的开盘价格。这时投资者就可以选择积极买入了，从后市的走势中也可以看到，3月31日当天该股股价并没有跌破过开盘价，确定形成了低开高走的整体走势（如图7-25）。

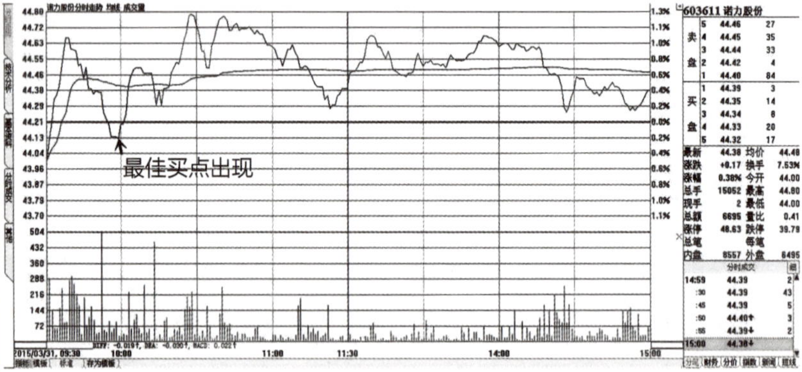

图7-25　2015年3月31日诺力股份分时走势图

专家点评

不论是股价高开高走还是低开高走，投资者一定要结合当时情况进行综合分析，不要盲目介入，而将赚钱的机会变为亏损的局面。